經典
60

經濟

[英] 馬修·福斯塔德 (Mathew Forstater) 著

周 莉 趙 偉 趙愛玲 譯

商務印書館

Little Book of Big Ideas: Economics
By Mathew Forstater
First published in the United States of America in 2007
Copyright © 2007 Elwin Street Limited

Conceived by Elwin Street Limited
Copyright Elwin Street Limited 2009
144 Liverpool Road
London
N1 1LA
www.elwinstreet.com

Complex Chinese language published in agreement with
Elwin Street Ltd, through The Grayhawk Agency.

本書譯文由北京大學出版社有限公司授權繁體字版使用

經典 60：經濟

作　　者：〔英〕馬修・福斯塔德
譯　　者：周　莉　趙　偉　趙愛玲
責任編輯：洪子平
封面設計：張　毅

出　　版：商務印書館 (香港) 有限公司
　　　　　香港筲箕灣耀興道 3 號東滙廣場 8 樓
　　　　　http://www.commercialpress.com.hk
發　　行：香港聯合書刊物流有限公司
　　　　　香港新界大埔汀麗路 36 號中華商務印刷大廈 3 字樓
印　　刷：中華商務彩色印刷有限公司
　　　　　香港新界大埔汀麗路 36 號中華商務印刷大廈 14 字樓
版　　次：2012 年 7 月第 1 版第 1 次印刷
　　　　　© 2012 商務印書館 (香港) 有限公司
　　　　　ISBN 978 962 07 6497 4
　　　　　Printed in Hong Kong

目　錄

歷史學派經濟學
　和制度學派經濟學

發展經濟學

序　言

經濟統治着現代社會。從控制通貨膨脹到理解全
球化，從手機資費到汽車花銷，從怎樣才算貧窮
到如何衡量幸福，從經濟開放到控制污染，從發
動戰爭到維護和平……經濟學家、經濟學都是備
受爭論的焦點，也是制定決策的重要依據。

無論是在華爾街、倫敦、巴黎、法蘭克福，還是在東京、
上海、悉尼、孟買，經濟學家都是制定決策的核心人物，這
些決策決定着你的積蓄何去何從，決定着你的退休金水平，
決定着你老板的生意前景。實際上，經濟學家決定着政府的
命運，因為他們的建議影響着公司股票、政府債券的購入或
拋售，影響着貨幣流通。僅僅這些因素就足以讓經濟學成為
一門極具影響力的社會科學。因為有了經濟學家，才有了金
融衍生產品，才有了避險基金。1992 年，正是這樣一隻避
險基金致使英鎊狂跌，導致約翰·梅傑（John Major）內閣出
現內部分裂，也使喬治·索羅斯（George Soros）成為億萬
富翁。除了經濟學，再沒有哪門社會科學能夠獲得諾貝爾獎
項，甚至連奢望都談不上。而諾貝爾經濟學獎使得經濟學獲
得了與物理學、醫學等學科同等重要的學術地位和影響力。

最有影響力的經濟學家的經濟思想有的來自經濟領域，
有的來自其他領域。這也許沒甚麼大驚小怪的。經濟極其複
雜，它涉及人類組織商品、服務的生產、分配、消費及交換

的方式，涉及消費平衡、市場投資價值、就業以及政府財政支出管理。其中的關鍵變量——人類活動——是積極主動而不是消極被動的。即使是看上去很簡單的經濟行為也不容易理解，因為人們會依據自己所獲得的信息相應改變自己的行為。

經濟學家們的思想有時似乎有悖常理。自亞當·斯密（Adam Smith）以來，多數經濟學家認可了一個觀點：進行經濟開放，向國外貿易和國外投資敞開大門，這是件好事。日趨激烈的競爭使消費者面對的商品價格下降，產品的生產率提高。這種競爭導致國內生產率低下的企業在商業競爭中出局，而這又造成工人失業。這樣，多數人獲得了一點利潤，而少數人失去了生計。經濟學家對此的解釋是，失業人員應該被重新調配到更有效率的崗位上，這樣，從長期來看，國家的經濟競爭力會增強，國民收入會提高。

如果失業問題長期得不到解決，整個地區，包括城市、鄉村以及個人，都將陷入長達幾年有時甚至是幾十年的貧困狀態。一旦出現這種情況，便很難證明國際貿易的利國利民之處。

正如凱恩斯說的那樣，「最終我們都會死去」。正是因為這個原因，在國際舞台上，中國和印度出現的規模龐大的勞動力才會引起如此大的恐慌。也是因為這個原因，理解「相對優勢」這個概念才顯得如此重要。依據「相對優勢」的說法，即便有的企業能以最高的生產率生產世界上的所有商品，這些企業也會集中精力生產其相對而言生產率最高的產

品，而讓世界上的其他廠家生產自己生產率相對較低的產品。這就意味着，在全球化經濟形勢下，世界上的每個人都有謀生的機會。

　　縱觀歷史，世界上許多偉大的思想家都曾傾心於解決「如何理解經濟」這個問題。他們形成了大量的理論，掌握了大量證據，雖然他們的理論和證據不甚完善，但是它們在很大程度上決定了現代社會的現狀。這本書雖然微小，其中的思想卻是偉大的，它們的影響深遠。

詹姆斯・羅洛教授

蘇塞克斯大學

亞里士多德（Aristotle）

哲學家亞里士多德在其主要作品《政治學》（*Politics*）中將古希臘社會中的生產活動和分配活動分為兩類，把其中一類稱為經濟（economia），另一類稱為貨殖學（chrematistikē）。

- 公元前 384 年生於希臘的馬其頓王國，公元前 322 年卒於希臘的埃維厄島。

- 第一位研究經濟行為的思想家。

「經濟」（economia）派生出「經濟學」（economics）。後者的字面意思是「家計管理」，這個詞的意思與「整齊狀態」有關，即有規律，可依賴的追求，比如種植僅夠維持生存的食物，養殖動物，以及生產布疋、工具、傢具的手工藝勞動等等。（奇怪的是，亞里士多德對經濟的定義還包含以從事海盜為生這種行為。）

而貨殖學（chrematistiké）的含義是金錢的賺入或借出、財富積累、商業貿易、賺錢等其他所有我們今天所稱的經濟行為。也許現代社會對「經濟學」這個詞的使用有點奇怪，依據亞里士多德的分類學，這個學科應該叫做「理財學」。

古希臘是一個多樣化的社會，專制和民主並存。在行政區劃上，古希臘的構成部分既有城市也有鄉村。希臘人有的從事維持生存所必需的農產品種植，有的在國內經商。雖然亞里士多德認為經濟是所有社會都必需的，但他還認為理財學對社會有危險性和破壞性，因為經濟活動不受限制。

亞里士多德認為經濟是合乎自然的行為，而理財則不

然。儘管他贊同交換行為，因為這是維持家庭生活的基本要求，但是對於超出了這種基本要求、可視為賺錢行為的交換活動，亞里士多德持反對態度。他仇視高利貸，即利用金錢賺取利息的行為。以錢生錢的行為是不正常的。亞里士多德相信，理財學和賺錢的行為危害社會，因為這種行為不受任何限制。

在《尼各馬科倫理學》(*The Nichomachean Ethics*) 第五卷中，亞里士多德認識到，交換比例具有道德和分析兩個層面。金錢不但是衡量價值的標準，還是商品交換的媒介，它被用來量化商品的可比價值。亞里士多德之後的幾百年裏，學者們一直都在討論上述問題。

正如後來卡爾·波蘭尼 (Karl Polanyi) 所說的那樣，亞里士多德「發現了經濟」。根據他的定義，經濟學的核心內容是為了實現社會再生產的持續發展，讓物質商品和服務進行必要的分配，以及通過甚麼樣的機制實現這種分配。

關於「獲取」的藝術，有一種是自然的獲取，是為了維持家庭的基本生存所需⋯⋯還有一種「獲取」，一般叫做「賺錢」，這樣叫是對的，這種行為其實意味着財富和權利不受任何限制⋯⋯

——亞里士多德
《政治學》

聖托馬斯・阿奎那

（St Thomas Aquinas）

聖托馬斯・阿奎那也許是作為一名神學家聞名於世，但他創作於 13 世紀的作品《神學大全》（*Summa Theologica*）也研究了經濟學的一些問題。按照亞里士多德的思想，阿奎那賦予經濟分析以道德層面的意義，強調道德的高尚重於簡單的賺錢行為。

- 1225 年生於意大利的洛卡塞卡堡，1274 年卒於意大利的巴薩諾瓦修道院。

- 研究貨幣、價格和貿易的倫理哲學家。

公元 5 世紀至公元 9 世紀的歐洲，金錢極其匱乏，是一個非貨幣化的時期：大多數交換是物物交換。在歐洲封建制度下，農奴的所有行為都要向農奴主付費，使用磨房加工穀物要付費，子女婚嫁也要付費。這種費用不是以貨幣形式支付的，而是以莊稼、勞務等形式。然而，自 9 世紀以來，隨着用於出售的貨物越來越多，歐洲慢慢興起了採礦業和造幣業。

這就產生了一個問題 —— 既然那時是非貨幣化時期，就意味着此前沒有貨幣式的價格可供參考。那麼該如何給貨物確定一個合理的價格呢？在其著作《神學大全》（1266 – 1273）中，阿奎那探討了包含這個問題在內的許多問題，提出物品的出售價格不能超過其「公平價格」。為了證明自己的觀點，阿奎那沒有採用今天所謂的「分析」方法，而是基於道德權威提出論據。

《神學大全》中的第 77 問以「論買賣中的欺騙行為」為

題，對以下問題作了精彩的探討：

1. 以高於物品本身價值的價格出售某物品，這種行為是否合法？

2. 假如出售的物品有瑕疵，這種銷售行為是否合法？

3. 賣方是否有責任指出所出售物品的瑕疵？

4. 假如以高於買入價的價格出售某物品，這種行為是否合法？

阿奎那對第一個問題 —— 即以高於物品本身價值的價格出售該物品是否合法 —— 的深入思考很好地證明了他的思考模式，證明他強調的是道德倫理而不是解析式的論據。既然民法認可了人口交易的合法性，那麼以高於物品本身價值的價格出售該物品就是合法的。所有人都司空見慣的事彷彿就是合理的、無罪的，如果每個人都認可了「賤買貴賣」的格言，那麼以高於物品本身價值的價格出售該物品或者以低於物品價值的價格購買該物品這些行為都是合法的。然而，聖經箴言與此相反 ——「己所不欲，勿施於人」。這樣，阿奎那得出結論：以高於物品公平價格的價格出售該物品，這樣的欺詐行為完全是不合法的。

《神學大全》中的第 78 問「論高利貸之罪」得出了同樣的結論。在阿奎那看來，憑藉放貸賺取利息是不公平的。在阿奎那的著作中可以看到亞里士多德經濟哲學思想的影響。例如，阿奎那也認為貨幣是不正常的產物，因為它不是自然產生的。這個論據也有力地證明了放貸獲利的不合理性。

這麼多行為曾經被認為是不道德的甚至是不合法的，而後來它們不但被人類所接受，還被認為是對社會有益的，這實在令人震驚。

伊本・赫勒敦（Ibn Khaldun）

許多非洲旅行者遊歷了中世紀時的馬格里布，記錄了北非和西非的社會形態及其與歐洲、亞洲的經濟聯繫，哲學家、歷史學家、政治活動家伊本・赫勒敦便是其中之一。赫勒敦是古典派的政治經濟學家，其研究方法是將經濟學、社會學、政治學、歷史學和倫理學結合起來。

- 1332 年生於突尼斯的突尼斯市，1405 年卒於埃及開羅。

- 被尊為古典主義政治經濟學先驅。

赫勒敦的主要著作是《歷史學導論》（Al Muqaddimah）。雖然被尊為社會學之父，赫勒敦對經濟學的貢獻亦不可小覷，他的思想對古典政治經濟學影響巨大。

赫勒敦的文明週期理論把社會比作有生命的機體，依據普遍規律，社會也會衰退，會滅亡。經濟發展階段的特徵是在專業化勞動分工基礎上實現產品的大批量生產。赫勒敦對勞動分工的分析與亞當・斯密（Adam Smith）在《國富論》（The Wealth of Nations）中的論述驚人地一致。勞動分工提高了生產率，使社會生產超過了滿足基本生存需求的水平。赫勒敦研究了北非和西非國家，他們的生產剩餘不是通過剝削農民獲得的，而是通過遠距離的貿易。此後幾百年，直到歐洲人發現美洲新大陸之前，西非一直是羅馬帝國、中世紀歐洲、東方古國以及阿拉伯國家主要的黃金供應地。根據赫勒敦的研究，非洲北部的阿爾摩拉維德王朝、阿爾摩哈德王朝，西部的加納、馬里、桑海有着相似的社會結構。

赫勒敦還提出了社會凝聚力這個概念，社會凝聚力是通過「同感、同情心」（或稱共鳴）產生的，這在亞當・斯密的《道德情操論》(*Theory of Moral Sentiments*) 中有所論述。在赫勒敦看來，有了「同感、同情心」，才會出現有合作性結構的社會組織。團結一致性越強，每個個體就越能更好地為維繫一個正常運轉的社會而努力。

　　在赫勒敦的研究中，本能需求和社會需求之間存在明顯區別。社會需求的產生以經濟發展、可供人類自由支配的商品出現分類為前提。社會的富足狀態和對奢侈品的需求是伴隨着社會進入成熟階段而出現的。政府為了追求更多的財富而提高賦稅，這最終將使社會成熟階段走向盡頭。因為人們要麼不再熱衷於工作，要麼遠走他鄉，導致稅收收入縮減。許多學者發現，赫勒敦的這種分析與後來的（通過減稅刺激生產和投資）供應經濟學觀點有異曲同工之處，赫勒敦得出了該理論的核心觀點，後來被稱為拉費曲線，根據曲線所示，過高的稅率會導致稅收收入減少。

　　赫勒敦把經濟視作一個具有自我調控功能的體系，是所有經濟學形式的關鍵。他發現了價格和利潤機制、供給和需求的力量以及社會需求對經濟增長的刺激作用，發現了競爭的存在。赫勒敦的著作還涉及多種財產權，預見到了洛克的觀點——勞動決定一切東西的價值。

托馬斯・孟（Thomas Mun）

重商主義這個詞來源於「商人」，意為「買賣人」。重商主義興起於 16 世紀中葉的歐洲，此後一直盛行，直到 18 世紀中葉。托馬斯・孟對重商主義及其原則做出了傑出貢獻。

- 1571 年生於英國倫敦，1641 年卒於英國倫敦。

- 重商主義的倡導者。

貿易，尤其是國際貿易，是重商主義原則的核心。在重商主義者生活的年代，歐洲的貿易持續增長，湧現出各種市場，商人階層崛起。越來越多的商業活動使商人在歐洲政府的影響日益增強，公共政策的制定也反映了商人們對貿易和生產的觀點。

托馬斯・孟就是這樣一個商人。從 1615 年開始，他擔任東印度公司 —— 一家大型國家壟斷貿易公司 —— 的董事。在其知名著作《論英國與東印度的貿易》(*A Discourse of Trade from England unto the East Indies*, 1621)、《英國得自對外貿易的財富》(*England's Treasure by Foreign Trade*, 1664) 中，孟闡述了其有關對外貿易的觀點。《英國得自對外貿易的財富》堪稱闡釋重商主義經濟思想的最知名文獻。孟提倡將對外貿易出超 —— 即出口額大於進口額 —— 作為國家積累財富的手段。

重商主義鼓勵廉價原材料的進口，因為用這些原材料可以生產昂貴的製成品，用來交換金銀。其核心思想是金銀的原始流出量要少於其最終流入量，宗旨是「多賣少買」，以實

左圖：早期的重商主義者認為，國家財富是通過金銀的可用儲備來衡量的。後來重商主義者形成了更加複雜的觀點。

現國家財富積累。

重商主義對競爭持否定態度，把硬性貨幣的積累看做個人富裕、國家昌盛的核心標誌。重商主義支持政府干預，尤其贊同政府對國際貿易進行調節，對進口商品徵收關稅，鼓勵製成品出口，賦予國內的生產企業壟斷專權。

然而，重商主義沒有認識到，通過貿易積聚財富不同於創造財富。一個國家的貿易盈餘就意味着另一個國家會出現貿易逆差，可重商主義者不這樣看待這個問題。在他們看來，國際貿易必定是一種零和狀態，贏的國家實現貿易盈餘，輸的國家就要承受貿易赤字。

雖然重商主義的觀點有些不近情理，但是重商主義的可取之處是它摒棄了亞里士多德學派、經院哲學派研究經濟的方式。重商主義者都是精明的商人或官員，他們很少研究抽象概念，他們更關心的是借助官方政策將自己的觀點付諸實際應用。

> **重商主義**（Mercantilism）：重商主義認為，國家的繁榮昌盛依託於其提供的資本，而國際貿易規模是不可改變的。因此，國家增加財富總量的最佳方式是在與其他國家的貿易中追求貿易順差，出口量高於進口量，這可以通過徵收關稅限制進口貿易來實現。

個人財產積累理論

約翰 · 洛克 (John Locke)

在《政府論》(*Two Treatises of Government*) 中，英國政治思想家、哲學家約翰·洛克概括了兩種評判標準：理性和 (上帝的) 啟示。關於理性，洛克稱，人人都有生存權，有權利用大自然所賜的一切來維持生存。關於 (上帝的) 啟示，聖經中已經說得明明白白，上帝賦予所有人平等的財產權。

● 1632 年生於英國薩默賽特，1704 年卒於英國埃塞克斯。

● 致力研究財產積累和資本積累理論。

既然一個人擁有了某些財產就意味着別人無法再擁有這些財產，那麼人該怎樣才能擁有這些財產呢？洛克給出的答案是，上帝賦予人類平等的財產權，同時也賦予人理性，讓人運用理性。因此，一定有辦法去佔有果實。此外，上帝賦予所有人平等的土地和動物所有權，每個人又是自己的主人。由此洛克得出結論：人自身的勞動以及由自己的雙手創造的勞動果實歸自己所有。

一旦大自然中的公共財產與個人的勞動相結合，這種公共財產便成為個人的財產。你摘取的蘋果歸你所有，因為你對它付出了勞動。正如洛克所說的那樣：「勞動是我的，使它們 (蘋果) 脫離公共財產狀態，它們便凝聚了我的勞動財產。」這種財產其實就意味着一種權利，其他人對此不能再有使用權。

然而，對財富的積累要有量的限制。在物品腐壞之前，人可以想怎樣使用它就怎樣使用，因為沒有哪種東西是上帝

左圖：摘取蘋果的過程中付出的勞動使蘋果從公共財產轉為摘蘋果者的私有財產。

創造了讓人類來腐壞或破壞的。以土地為例，只要有足夠的土地供他人使用，一個人靠自己的勞動能圈起多少地，他就可以佔有多少。因此，對財產的佔有受兩個限制：一是人的勞動能力，二是人要有能力在商品腐壞之前享用它。洛克進一步解釋說，將土地圈起來，為此付出勞動，並不會減少其他人可使用的土地面積，相反，這會提高土地的價值，使它能用來進行生產。

　　洛克還指出，若在商品腐壞之前把它贈與他人或用來進行交換，那麼商品就沒有被浪費。如果某物不會腐壞，它可以（在人的勞動能力所及的範圍內）無限積累。洛克注意到，貨幣的出現使人類有機會擴充財產。金銀不會腐壞，可以不斷積累。由此洛克在《政府論》第 50 段給出了如下結論：「很明顯，人類已經達成共識，同意以不平等的比例佔有土地──我指的是不受社會和契約的限制；因為在政府中有法律來約束它；在獲得許可的情況下，他們已經發現並且認可了以下事實：只要能獲得金銀，就允許某人以正當的、不損害他人利益的方式佔有其個人利用不了的財富；金銀可以被人長期擁有，不會因為過剩而腐壞，而且人們已經認可了這些金屬有價值。」

經濟學與經濟

甚麼是經濟學？經濟學是研究經濟的學科。這又會引出
另一個不怎麼好回答的問題 —— 經濟又是甚麼呢？從基
本意義上來說，經濟研究的是各種社會形態如何運作，以
保證其物質供應保持良好狀態。其中主要是有關生產和
分配的必須要做出的決策。

　　所有社會形態都存在經濟，對經濟的研究主要是研究資
本主義 —— 即以市場為導向 —— 的經濟，而不是研究計劃
經濟。在早期的傳統社會或指令性社會，市場要麼沒出現，
要麼從屬於其他生產或分配的組織形式。在傳統社會中，經
濟被歸入如今所謂的文化（甚至是禮節或宗教）範疇。在指
令性社會中，經濟屬於政治制度的範疇，如歐洲封建制度或
各種形式的以奴隸制為基礎的生產體制。沒有資本主義的發
展，經濟不可能從這些範疇中「分離」出來。

　　以市場為導向的經濟形式的出現衍生了一種決定生產和
分配的經濟制度。資本主義發展迅猛，人們開始提出各種疑
問：如何操控市場體系？如何操控可能調控市場體系的各種
力量？市場體系並不是完美的 —— 市場會繁榮也會崩潰，會
衰退，會蕭條，會有通貨膨脹也會有通貨緊縮，會出現失業
和經濟危機 —— 但是沒有哪種市場體系是雜亂無章的。即
使抨擊資本主義弊端的經濟學家 —— 如馬克思（Marx）和凱
恩斯（Keynes）等 —— 也認為市場有自我調控功能。這種調
控受一些基本趨勢（或法則）影響。關於這些基本趨勢有許

多不同的理論，如重商主義、古典主義、新古典主義（也稱邊際主義）、馬克思主義學派、凱恩斯學派、制度主義學派等經濟思想流派及其各種分支流派。但這些思想學派共同持有的一種觀點是，通過研究某些規律和真實可信的行為，可以瞭解市場是如何運作的。

亞當‧斯密既是哲學家，又是偉大的古典主義政治經濟學家，他在著作《天文學歷史》(History of Astronomy) 中寫到，人類在面對意外情況或陌生情況時會感到有些焦慮，而面對熟悉的情況時則會泰然處之。所以我們試圖對這個世界分門別類，以此來理解整個世界。亞當‧斯密稱，哲學的目的、理論推理的目的就在於此 —— 在混沌中尋求秩序。這項工作很有必要卻又極其困難，因為它的研究對象 —— 資本主義經濟 —— 不是一成不變的，而是動態發展的，這就意味着在一定時期曾經規範資本主義運行的法則可能會不再起作用，而代之以其他法則。因此，對任何經濟理論的理解都必須考慮其歷史背景。

此外，對資本主義內在邏輯的所有解釋也都影響着公共政策的制定，從而影響着我們的生活。另一位英國經濟學家 G. L. S. 沙克爾 (G. L. S. Shackle) 經過深入研究後指出，「在自然科學中，有所見才有所思；在經濟學中，則是有所思才有所見」。我們如何理解在社會中看到的各種經濟行為，如何真正地領會它們，實際上取決於別人對此是怎麼想的（以及怎麼描寫的）—— 別人的想法在此所具有的決定性作用也許比我們想象的更為重要。

大衛・休謨（David Hume）

正如許多早期的政治經濟學家一樣，大衛・休謨的觀點涉及哲學、政治以及經濟領域。在其著作《政治對話錄》（*Political Discourses*, 1752）中，他探討了有關貿易平衡、商業、貨幣以及利息的問題，並將財富與貨幣區分開來。重商主義者主張硬貨幣 —— 即金銀 —— 的積累是決定國家財富的關鍵因素。休謨批判了這種觀點，他認為衡量財富的標準是勞動力儲備以及商品和服務的生產量。

- 1711 年生於蘇格蘭愛丁堡，1776 年卒於蘇格蘭愛丁堡。

- 批判重商主義者關於國際貿易的觀點。

休謨指出，對外貿易對所有國家都有利。每種經濟都有一種內部機制來維持貿易平衡，換句話說，貿易是一種雙贏，而不是重商主義者宣稱的那樣，是一種零和。休謨的物價—現金流動機制解析了重商主義者宣揚的貿易出超途徑。

理解物價—現金流動機制，關鍵是理解古典主義學派有關金錢儲備量的理論，該理論認為金錢儲備量會影響物價水平。也就是說，貨幣供應量提高，物價會以相應的比例上漲，並影響國際貿易雙方的貿易條款。而重商主義者認為這是不可能的。他們認為，貨幣只會影響貿易量。休謨則認為，貨幣類似於潤滑油，會讓貿易進行得更為順暢。

舉例來說，兩個國家進行貿易，A 國遭受貿易逆差，貨幣流入 B 國。B 國的貿易入超量與 A 國的貿易赤字量相同。這就意味着 A 國的這部分貨幣會流入 B 國的經濟，B 國物價

上漲。與此相反，A 國會因為貨幣流失而出現物價下降。相對價格的變化會導致 B 國跟與其有貿易關係的其他國家之間的貿易條款發生改變，因為 B 國的商品會變得比貿易逆差國——在此即 A 國——昂貴。其結果便是，貨幣會由 B 國流向 A 國。這種狀態會一直持續下去，直到兩國的出口量與進口量持平，並彼此實現貿易平衡。休謨用硬貨幣，即金銀，闡釋了這個理論。他用「現金」這個詞來指代貨幣，得出「物價—現金流動機制」，認為經濟有一個內部機制來實現國際貿易平衡。因此，所有以實現貿易入超為目的的經濟政策都會事與願違。

　　雖然休謨贊同古典的貨幣數量論，但他的確認識到，只要一國的經濟背景是勞動力沒有實現百分百就業，貨幣供應量的增加就有可能刺激出口。這是一種更加「重商」甚至更為「凱恩斯主義」的觀點。同樣，休謨贊同古典的貨幣數量論，認為不是利率而是貨幣供應量的改變影響物價，但是他的作品中也講到，貨幣供應量越多，利率越低。

物價—現金流動機制
(Pricespecie flow)：重商主義者認為，以實現貿易入超為目的的經濟政策會事與願違，因為國際貿易會自動實現均衡狀態。休謨用一個類比來說明這個問題：「國際貿易好比是在兩個內部相通的容器中的水，總是在尋求一種水平狀態。」

威廉・配第（William Petty）

威廉・配第對剩餘價值概念的使用標誌着古典政治經濟學的開端。在 19 世紀 70 年代之前，這個學派一直佔據着主導地位。即使在被新古典政治經濟學或邊際主義超越後，古典政治經濟學的研究方法仍然在很大程度上被保留了下來。包含這種方法在內的許多古典政治經濟學概念最初都是出現在威廉・配第的著作中。

- 1623 年出生在英國漢普郡拉姆西，1687 年卒於英國倫敦。

- 提出剩餘價值概念，這概念成為古典政治經濟學家的主要依據。

　　威廉・配第是隱形學院（Invisible College）的成員之一。隱形學院由托馬斯・霍布斯（Thomas Hobbes）、勒內・笛卡爾（Rene Descartes）等科學家和哲學家組成，它促進了演繹法與歸納法這兩種科學方法的發展。儘管配第的貢獻常被譽為經濟學中的經驗主義分支或統計學分支的源頭，但是他卻將更多的精力投入到了歸納法的研究。在配第早期的理論框架中，尤其是在《賦稅論》（A Treatise of Taxes and Contributions）中，對經驗主義的研究就已經有所體現。在這些研究中，他力求揭開讓經濟活動規律性、持久性運行的法則，發現掩藏在數字、重量和尺度等表象下的經濟案由。

　　隨着資本主義的發展和重商主義觀點的日漸式微，經濟學研究的重點也從交換領域轉移到了生產領域。一個國家財富的來源不是貴重金屬，而是土地和勞動。「剩餘價值」的定義非常關鍵。在生產領域內，剩餘價值是指產出超過投

左圖：剩餘價值：扣除生存所必需的資料之後，剩餘價值被土地所有者以地租的形式收取。

入的部分，包括食物和其他物品等勞動力生存必需的生活用品。只要能促進農業和工業的發展，對外貿易就可以佔據重要的地位，但它並不是財富和價值的來源。上述觀點在配第最為著名的《政治算術》(*Political Arithmetic*, 1690)一書中都可以看到。

　　配第認為生產是一個可循環而且能夠產生剩餘價值的過程，而剩餘價值又是經濟繁榮的關鍵所在。在配第看來，剩餘價值指的是土地生產物去除耕種費用——即種子和工資——後的剩餘部分，被土地所有者以地租的形式收取。後來，剩餘價值與農業的聯繫逐漸減少，而與工業利潤的關係越發緊密。這種變化反映了製造業與農業在經濟活動中相對重要性的動態變化。

　　配第還闡述了自然價格與市場價格之間的區別。自然價格是由生產物品所需的社會必要勞動時間決定的，而市場價格則是在受到諸如天氣變化等暫時性的影響時偏離自然價格之後的價格。如果穀物的自然價格是由生產所需要的社會必要勞動時間決定，那麼剩餘價值或地租應該與生產中付出的剩餘勞動時間一致。重要的是，配第與後期的古典主義經濟學家一致認為工資是由社會和歷史決定的生活必需品。

理查德‧康替龍（Richard Cantillon）

法國銀行家理查德‧康替龍一直對重商主義持排斥態度，對古典經濟學又有所取捨。和配第一樣，他認為流通重於生產。此外，他還區分了商品的內在價格和市場價格，認為工資是由社會必需的生活資料決定的。這些都是古典經濟學的特點。

- 1680 年生於愛爾蘭凱里郡，1734 年卒於英國倫敦。

- 在重農學派出現之前，發展了農業經濟理論。

康替龍對經濟思想的貢獻主要體現在《商業性質概論》(*An Essay Concerning the Nature of Commerce in General*) 手稿中。在康替龍的家遭受了一次大火和一次洗劫之後，他的其他書稿被損毀殆盡，《商業性質概論》手稿成為他現存的唯一一部完整的著作。

康替龍在生產、分配、價值以及貨幣、利潤和貿易等方面為經濟學的發展做出了卓著的貢獻，其著作主要涉及土地、勞動力和農業生產等方面。在這一領域，他將社會劃分為三個階級：土地所有者、租地農場主和勞動者。土地所有者可以自己管理土地，也可以將土地出租給農場主並從中抽取農業的剩餘價值。經營土地的租地農場主既可以得到必需的生活資料，還可以得到額外的利潤。生活必需品的水平並不取決於最基本的生理需要，而是由社會決定的。

是否利用土地生產剩餘價值也取決於地主、貴族和皇室的需要。他們的喜好決定了剩餘勞動力的數量和分配。從擴

大土地耕種面積和增加僱傭勞動力數量的角度上來説，為貴族生產奢侈品也是有利可圖的。這也意味着為了提供更多的生活資料，更多的土地會被用於物質生產。生活資料產出的增加會帶來人口的增長，勞動力的數量也會隨之增加。

值得引起注意的是，剩餘價值的觀點並沒有出現在非農業領域。資本主義發源於農業。康替龍時期的法國尤為特殊，與英國截然不同的是，許多獨立的善於耕種的土地所有者仍然使用自己的勞動和生產方式耕種，並提取產品的全部價值（這其中並不含有任何剩餘價值）。康替龍認為農業和土地是生產領域的基本因素。這種觀點讓他成為重農學派一位重要的先驅者。

> **資本主義**（Capitalism）：生產資料歸私人所有的經濟制度。在利潤的驅使下，個人和公司為了在自由市場裏賣出產品互相競爭。

在貨幣交易領域，康替龍闡明了貨幣供應量的增長對經濟領域內價格水平的影響。他還證實了貨幣供應量的增長不會同時使所有工業領域受到同種程度的影響，但隨着時間的推移，這種影響就會像鏈條一樣，從一個領域轉移到其他領域，同時又會改變利潤結構和實際的工資水平。這就是所謂的康替龍效應（Cantillon effect）。凱恩斯在其通論中也對這一效應進行了新的闡述。

康替龍是最先考慮到增加貨幣供應量會降低利率水平的人之一，但他沒有談到貨幣供應量的增長與利率水平之間的獨特關係。貨幣供應量的增長對利率水平的影響取決於掌握着貨幣供應並可以決定支付或投資方式的社會階層。

弗朗西斯・魁奈

（Francois Quesnay）

經濟體制與人體及其循環系統大同小異，商品和貨幣在不同部門間的流動與血液在人體的靜脈和動脈中的循環類似。在經濟學發展史中，這種觀點一直存在，雖然最早出現在配第的著作中，但其真正的起源卻是弗朗西斯・魁奈和第一個經濟學派——重農學派。

- 1694 年生於法國梅里，1774 年卒於法國巴黎。

- 重農學派代表人物。

魁奈與重農學派的研究是一個與經濟分析關係非常密切的分支，其重心是通過自然和自然法則來解釋經濟活動。重農學派根據經濟活動的類型將經濟劃分為不同的行業。農業、製造業和資產之間互有聯繫，但這種聯繫也會因社會階級的不同而不同。為了滿足各自的經濟需要，不同部門彼此依賴。首要的任務是找到能夠促進經濟體制生存的條件，即經濟持續發展需要的條件；其次是探索能夠增加國家財富或總產量的因素。

魁奈的《經濟表》（*Tableau Economique*, 1759）是投入一產出模型的早期版本。《經濟表》中著名的曲線圖反映了以一年的總收入為開端，資金在農場主（魁奈眼中的唯一的生產階級）與手工藝人（不生產階級）之間的流動；夾在這兩個階層中間的土地所有者從農場主那裏收取地租，用於購買製成品，這就使得資金開始在租地農場主和工人之間往復循環。重農學派認為：製造業只是將投入到生產的價值轉化為

產品，無法創造出屬於自己的產品；生產商品、提供服務就是在消費農產品的剩餘價值。而現在，經濟學家們都已十分清楚這些活動拉動了經濟的增長。

在重農主義者看來，農業是唯一的生產部門，農產品的價值要遠遠高於農業的投入，因此農業可以創造出剩餘價值。提高土地生產力的唯一方法是增加農業生產工具的數量，提高工具的質量以及增加資本投入。

重農主義者首次對經濟過程週期性進行了研究，與此截然相反的一種觀點是認為生產和消費同時發生又同時存在。經濟過程週期性觀點與重農學派預投入的觀點有關。為了滿足再生產的條件，被當做投入而消耗掉的商品必須在產品中體現出來，否則生產會中止或萎縮。

重農主義建議通過實現農業現代化、增加產出、銷售和收入來促進農業發展。農業剩餘價值的增加又會對經濟起到正反饋。亞當·斯密的遠見卓識不僅在於他看到了製造業也會創造剩餘價值，還在於他認為製造業是促進資本主義經濟發展的發動機。

重農主義者

(The Physiocrats)：經濟學中的首個學派，形成於 18 世紀的法國。他們認為國家財富要依靠生產，而不是重商主義者推崇的金銀等財富的積累。此外，他們還認為產出只能來自於農業，而不是製成品。

亞當・斯密 （Adam Smith）

亞當・斯密是 18 世紀著名的蘇格蘭政治經濟學家和道德哲學教授。他生活在第一次工業革命爆發、商業和貨幣經濟擴張、科學和英國啟蒙思想發展的時代。所有這些有利條件都在傳遞着一個信念 —— 人道主義、自由、自主和樂觀主義會影響到人類的未來。

- 1723 年生於蘇格蘭法夫區柯科迪，1790 年卒於蘇格蘭愛丁堡。

- 被尊為經濟理論與政策的創立人。

　　亞當・斯密親身經歷了這些運動，並將它們寫入了自己的名作《國富論》（The Wealth of Nations, 1776）。斯密在書中提出了著名的關於使用價值和價值的鑽石與水的悖論：

　　沒甚麼東西比水更有用，可用它能交換到的貨物卻非常有限，很少的東西就可以換到水。相反，鑽石沒有甚麼使用價值，卻經常可以交換到大量的其他商品。

　　這種現象和供給與需求有着密切的關係。遺憾的是，亞當・斯密沒能成功地從經濟學角度對此做出解釋。直到新古典政治經濟學的邊際效用理論得到發展之後，這一悖論才得到合理的解釋。

　　《國富論》一書取得了巨大的成功，成為西方文明史上最傑出的著作之一。書中的觀點對經濟理論與政策的影響十分深遠。斯密因此常被稱為「經濟學之父」。

　　將「私利是個人行為的唯一動力」的信條全部歸咎於亞當・斯密並不公平。相反，人與他人之間也有情感的交流，

而非一味地自私自利。斯密在交換領域提到的利己行為不能與那種人性自私論混淆在一起。在市場交換中，人類的行為或許不適用於其他社交場合。

亞當‧斯密反對政府對存在競爭的市場經濟進行任意干預，相信「一隻看不見的手」可以維護自然秩序。《國富論》支持不受約束的市場行為，是自由市場經濟研究的典範之作。

與重商主義的前輩不同，亞當‧斯密認為一個國家的財富與金銀無關，與勞動力及其生產能力息息相關；勞動分工與專業化在很大程度上促進了財富的產生。他堅持要求推行自由的國際貿易，提到了國內外勞動分工的益處。市場拓展得越廣，專業化分工程度的提高和生產力進一步發展的可能性就越大。

儘管亞當‧斯密與所有古典政治經濟學家的觀點類似，但他認為資本主義無法持續地積累與前進，並預見了資本主義停滯不前或者衰退的可能性。在斯密看來，市場飽和、人口增長、自然資源的減少和工資、利率水平的降低都是市場社會中限制經濟增長的因素。

> **一隻看不見的手**(The Invisible Hand)：通過引導個人對私利的追求，最終令公眾受益的力量。個人對私利的追求有助於最大化地實現社會福利，個人利益與社會秩序也會互相協調。對個人利益的追求成為政治經濟的基本目標。

貨幣與金融

儘管早在資本主義經濟全面發展之前貨幣就已經出現，但在歷史上貨幣常與市場經濟體制聯繫在一起。在一般經濟交換領域中，分工的擴大化或專業化往往會受到類似於以貨易貨關係的限制，但貨幣的存在保證了勞動和交換之間的分配的擴大化。因此，貨幣、交換和勞動分工是共同發展的。

除了在自給自足的田園經濟（即整個家庭或家族自己生產出所有或幾乎所有生活必需品，不參與交易的經濟）的條件下，生產者會專門生產某種或某些產品，將之賣掉以換取貨幣，然後用換得的貨幣購買其他所需商品或服務。

貨幣通常是通過其功能來界定的，即貨幣的存在依賴於其職能。貨幣的職能有支付手段、交換媒介和儲存功能。支付手段（或價值標準）指貨幣可以用來衡量不同商品的相對價值。交換媒介的功能主要表現在兩個方面：一是充當購買工具，直接用來交換商品和服務；二是支付手段，可以償還債務。最後是貯藏手段，貨幣可作為積累財富的手段，成為流通過程的終點。貨幣還可以充當金融消費和投資的資本，可以在一定程度上決定某一領域內經濟活動的水平。金融和貨幣政策的發展水平非常關鍵。

信用可得性和信用期限是現代經濟運行的核心。當今貨幣體制是法定貨幣體制或國有貨幣體制。在這種體制下，貨幣對黃金或其他標準商品的匯率並不固定。然而，也存在着

其他類型的現代貨幣固定匯率的體制，如貨幣聯盟、貨幣發行局和貨幣掛鈎等。固定匯率和浮動匯率的對比對經濟政策有着非常實際的意義。

貨幣政策可以分為兩大類：貨幣金屬論和查特主義貨幣理論。貨幣金屬論認為貨幣超越理性，在市場背景下將個人行為最佳化。查特主義理論認為貨幣是「國家或其他重要政治權威的創造物」。這兩種主張中的任何一種都有無數版本。一些查特主義者甚至認為黃金和其他標準商品都是國家貨幣。在此意義上，國家創立了這一體制，並制定了相關措施等等。

許多經濟學家認為可接受性是其中的關鍵。貨幣的價值是建立在被接受的基礎之上的，而貨幣的可接受性通常是通過其在公共支付部門的接受程度來保證的，納稅便是例證之一。

托馬斯・馬爾薩斯
（Thomas Malthus）

托馬斯・馬爾薩斯之所以享有很高的知名度，不僅是因其人口增長理論以及人口增長對社會經濟福利制度的影響，還因為他首次強調過度生產和總需求無法滿足會導致經濟問題。他在《人口原理》(*An Essay on the Principle of Population*, 1798) 和《政治經濟學原理的實際應用 》(*Principles of Political Economy: Considered with a View to Their Practical Applications*, 1820) 兩本著作中，對上述問題以及一些其他觀點都進行了詳細的闡述。

- 1766 年生於英格蘭薩里郡，1843 年卒於英格蘭赫特福德。
- 社會經濟學家，以人口增長與貧困的理論聞名。

馬爾薩斯認為由於人口過度增長，農業生產活動不得不向越來越貧瘠的土地上擴展。儘管人口有幾何增長的趨勢（即按指數增長，如級數 1，2，4，8，16……），但是食物供應卻呈現出算術增長的趨勢（即按直線性增長，如級數 1，2，3，4，5……）。這也意味着只要超出某個臨界點，食物就會無法滿足日益增長的人口的需要，從而導致飢餓和貧窮的出現，價格也會承受越來越大的壓力。通過政府救濟和個人慈善行為來消除貧困的政策只會讓形勢雪上加霜。在馬爾薩斯看來，增加對最貧困階層的福利會刺激人口的增長，使食物供應問題進一步惡化。他相信除非人口增長得到控制，否則貧窮永遠不可能被消滅。這種觀點也是經濟被貼上「沉悶枯燥的科

學」的標籤的原因之一。

馬爾薩斯認識到由於人口增長，土地利潤降低和食品價格提升，土地擴展可以讓土地所有者收取更多的地租，受益甚多。然而，由於工人們將所有的工資都用來購買生活必需品，資本家也放棄消費而轉向投資，土地所有者雖然自身不生產，卻是唯一可以創造商品需求和服務需求的階級。因此，儘管土地所有者不事生產，但他們對經濟體制的有效機能至為關鍵，因為他們可以創造市場需求，發揮穩定物價、提高利潤和保證積累的作用。這也適用於其他「不事生產」的階級，如傭人、政府工作人員和士兵。儘管他們不是生產者，可卻是重要的消費者，他們的消費行為有助於避免利潤下滑和經濟停滯不前。

這也是馬爾薩斯支持地主收取高額地租的原因。高額地租可以使土地所有者有能力擴大製造業，為永久改善土地的生產力做出貢獻。雖然他的觀點時常不完整或令人很難支持，但由於馬爾薩斯與李嘉圖的私交和學術上的聯繫，他在經濟學史上依然佔據着非常重要的地位。李嘉圖—馬爾薩斯爭論有着重大的理論意義和非常實際的政策應用。

> 也許對個人來說生活很艱辛，但是有依賴性的貧困應該被看做是不道德的。
> ——托馬斯·馬爾薩斯

大衛・李嘉圖（David Ricardo）

從 1776 年亞當・斯密發表《國富論》到 1817 年大衛・李嘉圖《政治經濟學及賦稅原理》（*Of the Principles of Political Economy and Taxation*）第 1 版問世期間，資產階級地位不斷上升，成為社會和經濟的中堅力量。土地所有者與資本家之間的利益之爭愈演愈烈的時候正是李嘉圖潛心創作的階段。儘管李嘉圖的分析非常抽象，但其著作卻是在對當時英國穀物法、濟貧法和議會改革等政策爭論有着濃厚興趣的基礎上完成的。

- 1772 年生於英國倫敦，1823 年卒於英國格洛斯特郡。

- 對自由貿易和地租的相關理論有突出貢獻。

1815 年，李嘉圖發表了一本抨擊英國穀物法的小冊子。他認為限制廉價糧食的進口會導致地租升高，從而造成利潤降低、投資和發展緩慢等問題。他對全國總產在土地所有者、資本家和工人之間的分配很感興趣，但讓他更感興趣的是這種分配對未來積累的作用。

在李嘉圖看來，資本家的利益與全社會的利益大致上一致，因此其投資是經濟增長的動力。另一方面，土地所有者雖然不生產奢侈品，卻是奢侈品的非生產性消費者，他們也可以從經濟發展中受益。當然，工人也會從中受益。而他的論敵（兼摯友）馬爾薩斯是土地所有者的代表，則認為土地所有者的利益可大致代表全社會的利益。

馬爾薩斯認為 1819 年英國大蕭條的發生就是有效需求不足的後果。由於工人將全部工資用於購買生活必需品，

資本家則將大部分利潤用於投資，因此在他看來土地所有者的非生產性消費非常關鍵，它可以刺激需求，保持物價，使積累成為可能。由此，馬爾薩斯主張限制進口國外的廉價糧食。李嘉圖卻反對英國穀物法，因為在他看來必要消費品價格的降低可以提高資本家的利潤。

李嘉圖認為，只要生產產品所需要的勞動時間不變，實際工資的增長就不會對商品的價值產生影響；但由於支付工人的工資後剩餘的部分才是利潤，因此實際工資的增長會降低利潤。利潤與工資水平之間此消彼長的關係刻畫了資本主義不和諧的一面，揭示了資本家與工人之間的利益衝突。

在李嘉圖模式中，利潤是由生產力最弱的土地（免收地租的土地）決定的。假如商品的價值沒有提高，那麼提高邊緣土地的利潤的唯一方式就是削減工人工資。在非邊際性土地上，降低利潤的最主要因素就是地租。

李嘉圖認為利潤的降低是農業生產被迫擴展到貧瘠土地的結果。利率下降最終會導致經濟停滯不前，在利潤很低時，資本家會失去進一步投資的慾望。進口國外的廉價糧食可以使英國在將來免遭「餓」運。

約翰・斯圖亞特・穆勒

（John Stuart Mill）

約翰・斯圖亞特・穆勒是將人道主義因素引入經濟中的先驅之一。他非常關注不同階級間財富分配的不均衡。雖然早期政治經濟學家們認為財富分配的不公平是不可避免的，但穆勒認為應該結束工人的無權狀態，重建社會公平與正義。

- 1806 年生於英國倫敦，1873 年卒於法國阿維尼翁。

- 提出動態社會經濟學。

　　英國政治經濟學家、人道主義哲學家約翰・斯圖亞特・穆勒從教於一名政治經濟學家 —— 其父詹姆斯・穆勒。在他的教育下，約翰成為父親個人思想的追隨者，完全致力於知識的發展、社會的改良。但約翰在許多方面與極端個人主義有所偏離，在後來的生活中他更傾向於溫和的社會主義。

　　穆勒還著有世界上第一本經濟學教材。他的《政治經濟學原理及其在社會哲學上的應用》（*Principles of Political Economy with Some of their Applications to Social Philosophy*, 1848）是對李嘉圖、馬爾薩斯等政治經濟學家的祖述。此書取得了巨大的成功，直到 19 世紀末還一直是最主要的經濟學教材。

　　穆勒認為，社會是不停地向前發展的。在新的社會經濟條件下，舊有的理論需要重新闡釋，理論必須與實際應用聯繫起來。這些因素應該得到比政治經濟學更多的重視。

上圖：穆勒認為政府應該干預財富的分配，使較富的社會階層拿出部分財富補貼給窮人。

　　與眾多古典政治經濟學家前輩一樣，穆勒看到了利潤下降會導致經濟停滯不前的趨勢。儘管在早期經濟學家看來，這種停滯狀態是同經濟低迷和貧窮聯繫在一起的，但是穆勒認為它是經濟進步帶來的完滿結果。在這種狀態下，社會財富充足；工人受教育後，認識到了人口增長的負面效應；人口增長一旦穩定，工人的工資也不會下降，未來的生產也就失去了擴大的理由；高工資和生產規模的下降會使資本家陷入不利的局面，資產階級就會消失；人們不再追求資本的積累，轉而會去解決社會公平的問題以及全社會範圍內平均分配財富的問題；公益心、公德心會取代個人私利佔據統治地位。

　　穆勒最重要的貢獻之一就是區分了生產規律和分配規律的特點。生產規律與物理定則類似，而分配規律本質上卻不與物理定則類似。分配是人類制度的歷史產物，受社會習俗和法律的約束。其性質會受到歷史變化的制約，又因所處社會的不同而有所不同。穆勒非常關心工人的福利，認為社會對分配的影響能力對改善貧困和殘疾人士的福利起着非常關鍵的作用。為了使財富分配更加公平，社會應該沒收、重新分配、徵稅、補貼或限制遺產繼承權。這樣的話，即使是私有財產也不會成為財富公平分配的阻礙。

卡爾・馬克思（Karl Marx）

眾人皆知，卡爾・馬克思是一名偉大的哲學家、政治理論家、活動家和歷史學家，而且還是一位經濟學家。雖然馬克思的名字與社會主義的聯繫更為緊密，但是他有關社會主義的論著遠遠無法與他關於資本主義的著作相提並論。

- 1818 年生於德國特里爾，1883 年卒於英國倫敦。
- 《資本論》的作者，與恩格斯一起開創馬克思主義。

在他的主要著作《資本論——政治經濟學批判大綱》（*Capital: A Critique of Political Economy*, 1867）中，馬克思採納了古典經濟學家們的許多理論和觀點。現在與馬克思有關的勞動價值論、利率下降、勞動分工等許多觀點在亞當・斯密、李嘉圖及重農學派和配第的著作中都能找到。事實上，「政治經濟學」這一術語是馬克思提出的，也正是他界定了古典經濟學家的特點，將他們同庸俗經濟學家區別開來。

馬克思的研究與歷史息息相關。他對那些倒退地認為市場是資本主義之前的生產方式，沒有將資本主義視為一種歷史制度的人進行了批判。在他看來，要研究資本主義運動規律，那麼對社會生產關係進行分析是必不可少的，對「商品」、「資本」等概念的理解不能脫離或獨立於社會關係之外。

在馬克思看來，儘管資本主義是一種危機四伏的社會制度，但它仍有其進步性，因為它促進了技術革新和經濟發展，而技術的革新和經濟的發展是人類社會向社會主義社會

過渡所必需的。他認為資本主義的核心是資本的循環利用，並將此描述為 M C M'，其中 M 代表貨幣資本，C 代表商品，M' > M（M' = M + ?M，?M 代表貨幣利潤，即資本家通過剝削工人得到的剩餘價值）。

馬克思還認為資本主義的本質是通過勞動剝削進行資本積累。剝削是一個經濟概念，其過程就是剩餘價值產生的過程，剩餘價值的出現是因為勞動本身的價值遠遠低於勞動在生產中創造出的價值。由於勞動力的價值可以自我增值，馬克思稱之為「可變資本」；用資本購得的貨物是固定不變的，被稱為「不變資本」。生產價格（或自然價格）是由生產所需的必要勞動時間決定的。

馬克思的「運動規律」包括國家無法使之消亡、政府干預可能使之得到緩和的主流傾向。因此，資本主義制度下經濟政策的作用會受到嚴格限制，而資本積累所受的限制就在於制度本身。這包含了一種觀點，即：資本主義孕育了自我毀滅的種子。但是這也並不意味着馬克思認為資本主義制度的滅亡和社會主義的創建會是自動的。要實現資本主義制度的滅亡和社會主義的興起，政治鬥爭、尤其是工人階級的政治鬥爭是必不可少的。

> 資本是沒有生命的勞動力，像吸血鬼一樣靠壓榨有生命的勞動力維持存在。資本越多，被其壓榨的勞動力也就越多。
>
> ——《資本論》

競爭

儘管市場經濟非常分散，有時又會呈現出無秩序狀態，其運行仍有一些規律可循。競爭也是讓市場經濟運行秩序化的因素之一。

競爭意味着敵對，競爭性經濟的原則就是資本總是追求最高的回報率。由於資本總是由低利潤領域流入高利潤領域，行業內及行業間也由此形成了固定的利潤率。當資本撤離低利潤領域後，市場需求下降，價格也會隨之上升，從而帶來了市場利潤率的提升。當資本注入高利潤領域後，市場供應上升，價格下跌，市場利潤率也會因此而降低。在行業間的利潤率達到平衡之前，這個過程會一直持續下去。同樣的過程也出現在了勞動力市場，工人們都期待高收入，勞動力市場中相近的職位報酬就會因此而趨於平等。亞當•斯密在其著作《國富論》中詳細闡述了這一競爭過程。

競爭的兩個重要元素是某一特定行業的市場框架以及實體間的競爭行為。就市場框架而言，行業內經濟實體的規模和數量決定了競爭的特點。如果市場中實體的規模相對較小且數量眾多，他們就成為價格接受者，銷售也就引發了激烈的角逐。如果市場中實體的規模較大且為數不多，行業競爭的激烈程度會稍稍遜色，但這些實體擁有優勢，可以制定價格，更具有壟斷性。壟斷通常指在某行業內只有一個或少數幾個擁有強大的市場控制力的實體，它（們）可以獲得壟斷利潤。

即使市場中存在壟斷或寡頭，其競爭性依然存在。因為即使金融資本在進入某一行業時遇到障礙，但它仍然是流動的，可以繼續進入更具壟斷性的市場。為了佔據更大的市場份額，寡頭們仍然要殊死拼爭。

買家和賣家之間的矛盾根源是他們之間的利益衝突。一方希望價格上漲，另一方希望價格下跌，只有經過討價還價才能最終達成一致。同時，買家之間、賣家之間都存在競爭。賣家競爭是為了獲得更高的市場佔有率和利潤，買家則是為了買到自己需要的東西而競爭。競爭迫使買家和賣家違背自己的意願——賣家被迫降價，買家也不得不競相提價。正是買家賣家之間的雙重鬥爭為市場競爭提供了動力，並使市場供應和需求之間達到了大致的平衡。

行政法規可以從兩方面影響市場競爭。首先，制定反壟斷法規的目的就在於打破壟斷（官方批准的除外），促進市場競爭。那些哄抬物價或囤積居奇的寡頭們都會受到法律的嚴懲。此外，行政法規的目的還在於避免不良競爭，比如賄賂、工業破壞、間諜活動和詐騙等。

皮埃羅・斯拉法（Piero Sraffa）

皮埃羅・斯拉法由於貝尼托・墨索里尼（Benito Mussolini）逼迫他撤回關於意大利金融系統的評論，他不得不離開祖國意大利。凱恩斯慧眼識英才，積極鼓勵斯拉法並邀請他在劍橋講學，把這位才華出眾的年輕學者帶到了英國。

● 1898 年生於意大利都靈，1983 年卒於英國劍橋。

● 新李嘉圖學派奠基人，認為經濟活動能使古典學派思想復興。

　　儘管斯拉法在劍橋做了一段時間的講師，但他非常不喜歡在一大群人面前演講或講話，偏愛辯論或小組討論。在他準備放棄講師的工作時，凱恩斯竭盡全力把這位才華出眾的年輕學者留在了劍橋，並給他安排了很多差事：研究學會的副會長——一個由學者組成的研究小組的負責人、馬歇爾圖書館館長以及《李嘉圖著作和通信集》（*The Works and Correspondence of David Ricardo*）編輯等。斯拉法很少發表論著。在他的眾多文章中，只有〈競爭條件下的收益規律〉（1926）和 1960 年出版的篇幅不足百頁的《用商品生產商品》（*Production of Commodities by Means of Commodities*）可稱為他的代表作。然而不論是新古典經濟學批評，還是古典政治經濟學的復興，斯拉法的著作都對 20 世紀經濟學的發展做出了重大的貢獻。

　　在 20 世紀 20 年代對馬歇爾的評論中，斯拉法認為決定競爭實體數量均衡的平均成本曲線是經不起推敲的。曲線下降部分是因為回報率上升從而導致成本下降，而曲線上升部

分是因為回報率下跌而導致成本提高。伴隨自由競爭和部分失衡的非比例回報從經驗主義角度看是微不足道的。這樣的結果只有一種，抑或自由競爭被摒棄抑或部分平衡會被摒棄。前一種狀況會演變為不完全競爭的範例，而後一種狀況則會形成一般平衡的趨勢。斯拉法認為，在 20 世紀 20 年代，造就一般平衡的時機並不成熟。他的評論也是 20 世紀 30 年代初期壟斷（或不完全）競爭的主要因素之一。

斯拉法歷時四十餘載編輯成《李嘉圖著作和通信集》。無論是在經濟學界還是社會學界，這部作品都堪稱最偉大的著作之一。這期間不僅出現了眾多新發明，還爆發了一次世界大戰，然而正是斯拉法的堅定毅力和不懈努力使這個工程延續了四十餘年之久。這本著作除了李嘉圖作品本身的品質，還有斯拉法極具洞察力的概述。斯拉法不僅對李嘉圖的理論進行了更多的新闡述，也推動了新古典資本理論批評的進步。

《用商品生產商品》出版於 1960 年，然而編輯工作早在 20 世紀 20 年代末就已經開始。此書雖然篇幅不足百頁，但它不僅解決了古典價值理論問題，還對邊際分配理論和馬克思的勞動價值理論進行了評論。從此角度上，他在正反兩方面都發揮了重要作用。他的正面貢獻是實現了古典政治經濟學的復興，負面作用則是對邊際生產率理論進行了尖銳的抨擊。

阿爾弗雷德・馬歇爾

（Alfred Marshall）

阿爾弗雷德・馬歇爾是時至今日仍然主宰經濟學領域的新古典經濟學的四大奠基人之一。馬歇爾的《經濟學原理》（*Principles of Economics*, 1890）不僅是出版界的巨大成功，還成為數代經濟學家推崇的力作。儘管馬歇爾並不是第一個發現供求曲線並指出供求決定價格和數量的平衡，但他仍被稱作供求理論的奠基人，該理論認為供求決定價格。

- 1842 年出生於英國倫敦，1924 年卒於英國劍橋。

- 引入局部均衡分析法和自由競爭理論。

馬歇爾認為數學為「偉大的經濟運動」提供了行之有效的研究思路，而不僅是表現出它「無盡的繁瑣」的特點。這說明他完全抓住了經濟運動——這一相互關聯、錯綜複雜、不斷變化的社會進程的實質。然而，將經濟運動當做一個整體來理解或研究是不現實的。因此，為了便於研究，他引入了靜態局部均衡分析法，可以對某一實體或行業進行研究，並對其他類似行業做出相同推斷，即將某一實體或行業從其他同類中分離出來進行研究。

儘管數學的定量材料只在附錄中出現，而馬歇爾也因為成功後就把數學棄置不用而著名，但馬歇爾採用數學的定量材料進行經濟學研究的方式使圖表分析法成為經濟學研究的重要途徑。

馬歇爾靜態局部均衡分析法的一個典型案例是通過供求

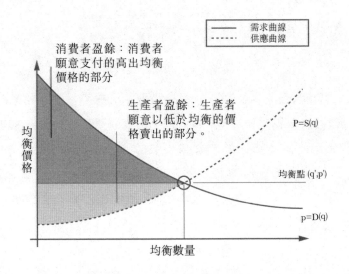

圖中文字：

需求曲線
供應曲線

消費者盈餘：消費者
願意支付的高出均衡
價格的部分

生產者盈餘：生產者
願意以低於均衡的價
格賣出的部分。

均衡價格

P=S(q)

均衡點 (q',p')

p=D(q)

均衡數量

上圖：供應曲線和需求曲線是經濟學的主要內容。兩條曲線的交匯點是均衡點，即供求平衡點。

兩種矛盾的交織關係來決定一個獨立實體的市場價格。由供應曲線和需求曲線組成的馬歇爾「剪刀」成了經濟學研究的主要內容。

馬歇爾還創立了自由競爭理論，並把下面這些概念引入了制度經濟學分析：消費者和生產者；過剩；邊際效用遞減；當代短期和長期的區別；回報率下降和提高的規律；內在經濟和外在經濟以及其他成為新古典經濟學主要研究課題的概念。他還定義了「代表性個體」，即處於內在經濟和外在經濟平均發展水平的經濟實體。經濟學研究的焦點也隨之轉移到了從整個經濟體系和社會中分離出來的個體上來，並形成了一個與古典經濟學「大整體」截然不同的研究領域。

W. 斯坦利・傑文斯

（W. Stanley Jevons）

W. 斯坦利・傑文斯通常與馬歇爾、瓦拉斯以及門格爾一起被人們稱作新古典（或邊際）經濟學奠基人。他最初在倫敦大學學習化學和數學，1857 年轉攻經濟學。1871 年，傑文斯出版了《政治經濟學理論》（*Theory of Political Economy*）一書，並於 1872 年成為皇家學會成員。

- 1835 年出生於英國利物浦，1882 年逝世於英國黑斯汀。

- 引入邊際效用價值理論。

當馬歇爾還在呼籲繼續對古典經濟學的研究時，傑文斯認為邊際主義同亞當・斯密和李嘉圖的傳統理論之間的界限劃分得非常清楚。儘管李嘉圖在土地和自然資源方面有一些邊際主義的研究，但古典經濟學家們對農業和製造業的分析是不勻稱的 —— 降低了農業回報率，提高了製造業回報率。

斯密和李嘉圖等古典經濟學家認為效用是某一物品的實用性，而在傑文斯和其他新古典經濟學家看來，效用是消費者感受到的主觀滿足感，而不是物品的客觀性質。傑文斯認為價值完全決定於效用。這一觀點與需求在價格理論中的重要地位息息相關。古典經濟學家們認為價格是由勞動力價值和成本等因素決定的，而需求扮演的只是一個邊緣角色。

傑文斯在作品中提及的另一個重要轉變是研究重點從生產轉向交換，這一轉變與從「政治經濟學」到「經濟學」的轉

變有關。古典經濟學家們認為政治經濟學與社會如何滿足人們的物質需要息息相關。傑文斯和其他新古典經濟學家卻反對這一點，他們更傾向於將經濟學視為在各種競爭性用途之間分配珍貴資源的科學。這標誌着稀缺和相對稀缺（與人類的最終需求相比）成為一項重要的研究內容。傑文斯明確表示希望將「政治經濟學」更名為「經濟學」，將經濟學中的社會和政治因素排除，創建一個新學科，在此基礎上展開對這些課題的研究。

傑文斯在煤炭和農業方面的作品也舉世聞名。在《煤炭問題》(*The Coal Question*, 1865) 中，他闡述了自己對英國工業化進程造成煤炭資源枯竭的擔憂。傑文斯借助了李嘉圖的觀點對這一問題進行了分析：經濟發展帶來人口增長，煤炭資源需求的增加使得挖掘的目標向更深和開採難度更大的煤礦轉移，這在無形中加劇了成本消耗。人們普遍認為傑文斯對煤炭問題的擔憂是因為他低估了石油和天然氣等替代能源。

邊際主義 (Marginalism)：邊際概念在經濟學中的出現也限定了新古典經濟學家們的研究範圍。這些概念包括：邊際成本、邊際生產率和邊際效用。邊際主義研究經濟體系中某一微小變化所產生的影響，以及它如何對人們的選擇和公共政策產生影響。

里昂 · 瓦爾拉斯（Lèon Walras）

法國籍經濟學家里昂·瓦爾拉斯在投身經濟學之前，學習和研究的領域是文學和工程學。1871年，他成為瑞士洛桑大學的經濟學終身教授，並一直在那裏工作。瓦爾拉斯是第一個將數學分析運用到一般均衡研究中的經濟學家。

- 1834年出生於法國埃夫勒，1910年卒於瑞士蒙特勒附近的克拉朗。

- 首位運用數學方法研究一般均衡的經濟學家。

長久以來，經濟學理論一直與從牛頓物理學中借來的一個概念 —— 均衡聯繫在一起。當市場上的供應等於需求時，消費市場即處於均衡狀態。均衡可以存在於某一市場，所有的市場也可以同時達到均衡狀態。後者也被稱為一般均衡。

在瓦爾拉斯之前，均衡的概念只應用於某一單個市場，而其他市場的狀態保持不變。這種均衡叫做局部均衡。瓦爾拉斯認為局部均衡的概念並不全面，因為對某一市場的研究無法脫離其他市場而獨立進行。某一市場供需關係的變化會以其自身變化引起的反饋作用來影響其他市場的供需狀況。

在《純粹經濟學要義》（Elements of Pure Economics, 1874）一書中，瓦爾拉斯提出了一個可以解決眾多市場相互依賴關係的舉措，核心是「喊價」或「探索」。「喊價」是一個不斷摸索的過程，其間拍賣師會給出一個價格，買家和賣家會根據各自的出價和報價做出回應。

如果在給出價格的基礎上出現供大於求的情況，拍賣師

會給出一個更低的價格，這樣可以減少供應，增加需求。如果這些出價和報價難以協調，拍賣師就會給出新價格，進行新一輪的出價和報價，直到供求達到平衡為止。一旦達到均衡狀態，任何一個市場的價格變動都會打破原有的均衡。瓦爾拉斯的拍賣師就會進行新一輪的調整。因此，消費者和生產者都會依據相對價格的變化適時調整消費和供應產品的數量，直至達到供求平衡。一般經濟平衡就是指在所有相關市場中，消費者和生產者同時達到平衡狀態。

瓦爾拉斯的觀點是不切實際的，因為現實的經濟體系中不存在這樣的「拍賣師」。價格的確定過程也不會如此完美，根本不存在一種可以引領所有的市場同時達到平衡狀態的內在動力。儘管如此，瓦爾拉斯的貢獻在於他看到了市場之間的相互關聯。這一點至關重要，因為它標誌着某一市場供應或需求的變化會影響其他市場的供求關係。

> **均衡 (Equilibrium)**：如果供應和需求達到平衡，這一市場就會處於均衡狀態。例如，當勞動力市場中希望工作和能夠工作的人數之和等於僱傭人數時，這一市場即處於均衡狀態。

卡爾・門格爾（Carl Menger）

奧地利經濟學家卡爾・門格爾是新古典經濟學派的創始人之一，也因為獨特的經濟理論風格而自成「奧地利經濟學派」。此學派的理論基石是價值和價格決定理論。門格爾的《經濟學原理》（*Principles of Economics*, 1871）一書奠定了這一理論的基礎。

- 1840 年出生於波蘭的新松奇（當時隸屬於奧地利的加利西亞），1921 年卒於奧地利維也納。

- 新古典政治經濟學奠基者之一，奧地利學派先驅。

門格爾價值理論的核心是對「效用」一詞的理解。效用也可以稱為對消費品的滿意度。商品的使用價值由其他滿足人們需求和願望的能力決定。消費者賦予商品的具體使用價值則由商品能夠滿足的具體需求決定。鑒於消費者需求程度之間的差異，消費是按照一定次序進行分配的，首先滿足最迫切的需求，並按照需求的迫切程度依次順延。需求得到滿足後，商品的價值會隨着消費的進行而降低，消費者能支配的效用也會減少。

門格爾的理論被稱為「邊際效用遞減理論」，認為消費者所能支付的價格決定於商品的邊際效用。邊際效用會隨着消費量的增加而減少，而其商品價格和消費數量呈反比關係。

如果商品數量有限，最迫切的需求就會首先得到滿足，次要的需求則被放棄。門格爾也因此斷定價值具有主觀性，因為它因情況而異。

門格爾對亞當・斯密的「鑽石與水的悖論」的解釋是：影響價格的因素並不是水的整體使用價值，而是一個單位的

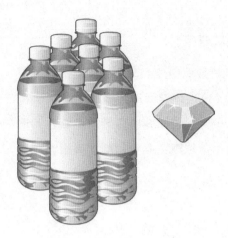

左圖：雖然水是生命之源，但其供應量大，因此邊際效用很低，價格也相應較低。相反，對人類的存在而言，鑽石無關緊要，但供應稀少，因此其邊際效用和價格較高。

水的使用價值——不是總效用而是邊際效用。如果一個即將被渴死的人面前放着一些鑽石和 1 瓶水，他肯定會選擇那瓶水。此時，水的效用大於鑽石。解渴之後，水的邊際效用則會降低。如果某人有 7 瓶水，那麼其中任何 1 瓶水的價值都要比他只擁有 1 瓶水時的價值低。然而鑽石的邊際效用降低的速率則很低，因為其供應有限而需求很大。由此看來，儘管水的使用價值更大，但鑽石的貨幣價值要遠高於水。

門格爾還將商品生產納入自己的研究，闡述了商品是如何間接地吸收消費品的價值，還描述了消費者估價對市場價格和價值的決定性。

薩伊市場定律

薩伊（Say's Law）定律通常被描述為「供給創造自己的需求」，是經濟學中最重要也是最具爭議的觀點之一。薩伊定律起源於古典經濟學時代，在其巔峰時期成為新古典宏觀經濟學的核心，並成為凱恩斯主義者和新古典經濟學家們論戰的焦點。

薩伊定律的古典形式與通常所指的新古典形式截然不同。在古典政治經濟學中，薩伊定律只是指：生產是為了獲得更多的收入來購買生產過程中出產的產品。不論從定義角度，還是從闡述了總產出與總收入均衡的國民收入的角度，這一觀點都是準確的。

不過這並不意味着所有產品都必須被購買。在古典經濟學理論中，沒有任何一種機制可以確保所有的產品都被買下來。與之相反，很多古典學者認為積蓄可以用來投資。這也是對負責積累和投資的「資產階級」進行階級分析的部分結果。然而，這與確保所有積蓄都會用於投資的分析機制並不是一回事。有一點至關重要，薩伊定律的古典版本無法確保生產能力與使用能力保持平衡，或者説在經濟學中沒有「無用」這一概念。

在新古典經濟學階段，薩伊定律已經超出了古典經濟學的範疇。新古典經濟學中有這樣一條理論：在特定條件下（通常指在自由競爭的市場條件下），生產不僅可以獲得足夠的收入來購買所有的產品，而且所有的產品實際上都可以賣

出。此外，新古典經濟學中此類理論也詮釋了總產出的水平為何總是向總需求的水平靠攏。最後，非常重要的一點是，儘管價格因素很關鍵，但是薩伊定律在新古典經濟學階段的核心是利率因素，它可以使總積蓄和總投資在產品需求的水平上達到平衡。就此而言，在古典經濟學理論中，可以讓積蓄和投資在完全需求的層面上達到獨特平衡的可貸資金市場不存在。

薩伊定律的新古典版本認為需求或資金的缺乏不會導致經濟衰退。有市場需求的產品生產得越多，由此刺激的對其他商品的需求也就越多。因此，促進經濟繁榮的因素不是消費，而是擴大生產。

薩伊定律的新古典版本正是凱恩斯試圖通過有效需求理論推翻的理論。不過有人認為取代薩伊定律的並非凱恩斯主義的有效需求理論，而是持有「供給自己創造需求」和「供應與需求同等重要」的片面觀點的凱恩斯定律。

克努特・維克賽爾

（Knut Wicksell）

瑞典籍克努特・維克賽爾是一位極為重要的新古典經濟學家，但其影響超出了新古典經濟學的範疇。從實體、金錢到利率，從科技進步、資本理論到稅收和公共財政，維克賽爾對宏觀經濟學和微觀經濟學的發展都做出了重要貢獻。

- 1851 年出生於瑞典斯德哥爾摩，1926年卒於瑞典。

- 發展利率的新理論，促進斯德哥爾摩學派的創立。

維克賽爾 17 歲進入烏普薩拉大學，短短兩年之後就獲得了自己的第一個數學學位，並馬上開始了研究生的課程。1875 年時，他已經完成了三分之二的課程，但直到 10 年之後，他才最終修完課程，拿到研究生學位。儘管維克賽爾曾經在多個領域著書和演講，但當時的瑞典法律規定成為經濟學講師之前必須拿到法律學位。直到 1899 年他才取得了法律學位，隨後就被授予隆德大學教授的職位，直至 1916 年退休。

維克賽爾的累積過程理論首先解釋了自然利率（即資本實際回報率）與市場利率（即銀行貸款利率）之間的區別。自然利率高於市場利率時，投資者的回報率高於貸款利率，投資比例上升，價格隨之升高。自然利率低於市場利率時，投資比例和價格會下降。因為沒有可以確保回報均衡的機制，這兩種狀況被維克賽爾稱為可以自我增強的積累過程，他的研究具有多種重要意義。

首先，穩定要求金融機構使銀行利率與自然利率處於平等水平，這有着非常直接的政策意義。其次，這兩個過程都包含了投資與儲蓄之間的差異。擴大用來投資的積蓄要求銀行能夠在沒有繼續儲備的前提下將賬面餘額轉化為金融投資，而這在傳統的經濟體制中根本無法實現。這些想法既可以形成認定「供給創造自己的需求」的薩伊定律沒有涉及的一個研究領域，也可以形成一種經濟體制框架，從而借由市場力量決定貨幣供給，尤其是信貸資金的需求，而非通過中央銀行直接決定。第三，除了拷問薩伊定律，維克賽爾先於凱恩斯對貨幣影響生產和就業等因素進行了研究。這些觀點與他的其他理論都成為斯德哥爾摩學派的特色，這一學派中的很多成員都是他的學生。累計過程理論不僅被綱納・繆達爾（Gunnar Myrdal）廣泛運用到了包括貧困和欠發達等在內的經濟社會學研究中去，還影響了尼古拉斯・卡爾多（Nicolas Caldor）在積累的因果關係方面的研究。

微觀經濟學與宏觀經濟學（Micro and macroeconomics）：微觀經濟學注重單獨的個體或實體，而宏觀經濟學則將整個國家或世界的經濟作為研究對象。兩者互相關聯，因為宏觀經濟是由個體組成的，個體必須在宏觀的經濟環境中開展經濟活動。

歐文・費雪（Irving Fisher）

歐文・費雪是 20 世紀上半葉美國的貨幣主義者，不僅創立了許多經濟觀念，而且還澄清了不少觀念。他主要研究名義變量與實際變量的兩重性。實體經濟受人口增長和科技進步等因素的影響，而金錢容易使人產生錯覺，比如讓人們無法分辨名義收入和實際購買力。

- 1867 年出生於美國紐約，1947 年卒於美國紐約。

- 創立貨幣數量理論，發展了債務緊縮理論。

1911 年《貨幣的購買力》（*The Purchasing Power of Money*）一書出版。在書中，費雪用一個著名的方程式將古典貨幣數量理論表達了出來，即 MV = PT，其中 M 代表貨幣量，V 代表貨幣流通速度，P 代表價格，T 代表經濟活動或經濟發展水平上的交易總量。

其核心觀點為在短時間內，貨幣流通速度是相對穩定的，經濟活動的水平也是相對平穩的，因此貨幣供應量的增加會導致價格上漲。這個方程式後來也成為貨幣主義的理論武器。

《大蕭條的債務通貨緊縮理論》（*The Debt – Deflation Theory of Great Depressions*）於 1933 年發表，對可導致如 1929－1933 年美國所經歷的大蕭條的經濟機制進行了描述，為金融不穩定理論的發展做出了重要貢獻。

同樣，通貨膨脹導致債務的實際價值降低，通貨緊縮則加重了債務的實際負擔。由於債務是通過貨幣的形式體現的，價格下跌造成的貨幣實際價值的上升會使個人、政府和

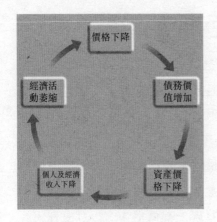

左圖：費雪闡述了通貨緊縮為何
會加重實際債務負擔。

公司債務的實際價值上升。

　　面對不斷增加的債務壓力，債務人不得不賣掉自己的資產來還債。這會導致資產價格下跌。除此之外，為了還債，公司還會削減成本，降低勞動力和其他產品的消耗。在經濟衰退期間，公司的收入會下降，資產收入也會隨之減少。

　　伴隨着收入的減少和大規模的破產，整個經濟領域的總需求縮減，導致經濟活動萎縮，利潤暴跌。需求縮減的壓力會更多地轉移到價格上，並導致債務的實際價值再次上升。經濟發展陷入了價格下跌和債務負擔增加的惡性循環之中。

　　費雪就這樣展示了一個自相矛盾的過程 —— 為了還債而削減成本會增加實際債務的價值。可是他認為增加貨幣供應量會導致通貨膨脹，借此來根治債務通貨緊縮。價格上升可以縮減實際債務的價值，終止債務通貨緊縮的惡性循環，緩解經濟活動的壓力。

福利經濟學

約翰・希克斯（John Hicks）

約翰・希克斯是 20 世紀最具影響力的經濟學家之一，因其對福利經濟學的貢獻而被授予諾貝爾獎。福利經濟學研究的是市場產出效率和效用水平。《價值與資本》(*Value and Capital*, 1939) 一書展示了一個由貨物、生產要素、信用和貨幣組成的市場整體的一般均衡模型。希克斯開創了受益人負擔原則，認為只要受益方能夠在保持良好狀況的基礎上補償損失方，那麼任何經濟變遷都是有益的。

- 1904 年出生於英格蘭瓦爾維克，1989 年卒於英格蘭格洛斯特郡。

- 創立補償理論、截面分析和 ISLM 模型。

希克斯最卓越的貢獻之一出現在新古典凱恩斯綜合學派的宏觀經濟學領域，這是一次把凱恩斯的貢獻與新古典宏觀經濟學理論聯繫起來的偉大嘗試。希克斯用 IS-LM 模型重新闡述了凱恩斯在《通論》(*The General Theory*) 中的論點。希克斯模型經過稍加變通，就為數代經濟學家創造了瞭解凱恩斯的機會。希克斯對《通論》的標準闡述旨在展示經濟如何在勞動力未完全就業的條件下實現均衡。在圖形中，下行的 IS 曲線代表商品市場的均衡，上行的 LM 曲線代表貨幣市場的均衡，兩條曲線的交點則代表兩個市場的一般均衡。

然而教科書版的 IS-LM 模型不包括非自願失業。後來，希克斯摒棄了使用 IS-LM 模型對《通論》進行靜態分析的方法。他根據貨幣市場和貨物市場進行調整所用時間的不同，認識到了模型的內在不一致性。希克斯甚至把自己的簽名由

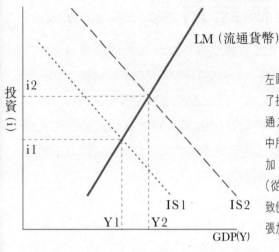

LM（流通貨幣）

左圖：IS-LM 模型展示了投資、積蓄和貨幣流通之間的關係。如圖中所示，隨着投資的增加，IS 曲線向右延伸（從 i1：Y1 到 i2：Y2），致使利率上漲，經濟擴張加快。

投資（i）

i2

i1

IS1   IS2

Y1   Y2

GDP(Y)

J. R.（約翰・理查德・希克斯）改為 John（約翰・希克斯），以示同先前的自己劃清界限。

希克斯忽略了時間在經濟學研究中的重要性，採用了一種截然不同的方式來闡述資本主義的動態發展。他的注意力越來越被不均衡狀態下的很多問題吸引，比如經濟增長路徑的轉變、經濟的結構性轉變以及經濟可持續再生的必備條件等。希克斯在《資本與成長》（*Capital and Growth, 1965*）一書中將這種方式稱為「截面」分析。希克斯的研究還涉及跨期均衡以及由一系列的類似均衡組成的變化過程，在經濟史和幣值分析方面也有所貢獻。

保羅 · 薩繆爾森（Paul Samuelson）

美國經濟學家保羅·薩繆爾森是最偉大的經濟理論家之一、諾貝爾獎獲得者，堅信經濟學研究應該與數學結合起來，對經濟學的貢獻涉及生產與消費理論和福利經濟學等多個領域。擔任美國政府顧問的經歷讓他成為一名在國內外都享有盛名的經濟顧問。1965 年，他當選為國際經濟學會會長。

● 1915 年出生於美國印第安納州。

● 提高了數學研究的水平，對眾多經濟學理論的發展做出重要貢獻，1970 年獲得諾貝爾獎。

薩繆爾森將自己在哈佛大學學習時的博士論文擴展為《經濟分析基礎》(Foundatons of Economic Analysis, 1947) 一書，這成為最成功的經濟學著作之一。他的另外一本極富傳奇色彩的著作《經濟學》(Economics: An Introductory Analysis, 1948) 是 20 世紀下半葉最暢銷的經濟學著作，被翻譯成了 40 多種語言。在 50 多年的時間裏，他的著作不僅引導了數代經濟學家對經濟學發展的認識，還在很大程度上影響了國家政策。

《經濟學》初版之後，又有多個版本出現。這表明薩繆爾森一直在根據經濟形勢的變化，適時更新自己的思想。戰後第 1 版的《經濟學》充斥着對戰後失業以及政府財政和金融政策在提高收入和擴大就業方面所扮演的角色的大量抨擊。在隨後的版本中，戰後的穩定成為主題，薩繆爾森的注意力也開始從失業轉向通貨膨脹。這些政策的變化也表明經濟學名家的觀點也在隨着近期經濟發展的現狀而變化。

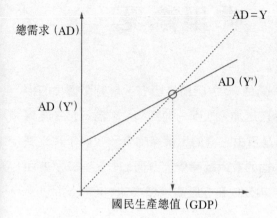

左圖：凱恩斯交叉體現了總需求和國民生產總值的均衡點。AD = Y 曲線表示總供應與總需求平衡，AD（Y'）曲線則表示需求的上升使國民生產總值增加。

　　社會經濟的潛在變化説明了經濟學理論不是靜止不變的。薩繆爾森運用數學的方式拓展了約翰・梅納德・凱恩斯的觀點。眾多學者借助《經濟學》，通過收入—支出圖表——即「凱恩斯交叉」（Keynesian cross）——界定了國民收入均衡水平。這就是預計支出水平與生產能力相匹配的收入水平。

　　在《經濟學》的晚期版本中，薩繆爾森不但沿襲了經濟學理論的發展，還把凱恩斯的觀點和新古典經濟學結合起來，發展成了「新古典綜合」學派。這也是一次通過數學方式整合經濟學理論的偉大嘗試。

　　薩繆爾森贊成政府通過財政和貨幣政策來保持經濟穩定，同時又主張政府應該盡可能地少干預自由市場、自由競爭和貿易。

彌爾頓・弗里德曼

（Milton Friedman）

彌爾頓・弗里德曼是 20 世紀最負盛名、最有影響力的經濟學家之一。他在芝加哥大學任教期間，成為貨幣主義學派的中堅人物，是自由市場的忠實擁護者和政府干預經濟的主要批評者。他的貢獻既有學術方面的，又有公眾方面的，這讓他成為在經濟領域中知名度最高的人。

- 1912 年生於美國紐約，2006 年卒於美國舊金山。

- 貨幣主義理論最具影響力的擁護者，1976 年獲得諾貝爾獎。

弗里德曼和貨幣主義者不認為金融和貨幣政策會有助於促進全面就業和抑制膨脹。貨幣擴張政策可能會導致通貨膨脹，而財政擴張的政策會完全抵消個人消費的縮減。如果政府開支的增加源於稅收，那麼個人可支配的支出就會減少，消費水平和儲蓄水平會降低，投入也會相應減少。如果增加的政府支出源於借貸，儲蓄的減少又會進一步導致個人支出的減少，總支出的淨產值也不會增加。

弗里德曼相信，從長遠來看貨幣無法影響實質產出的水平，而進一步的貨幣擴張又可能導致通貨膨脹。他認為貨幣供應過量導致通貨膨脹的出現純粹是貨幣現象。因此貨幣主義反對通貨膨脹的政策需要減少貨幣供應量，或者降低貨幣總量的增長率。在正常條件下，貨幣主義學派建議根據經濟增長的「自然」率來增加貨幣的供應，通常是每年增加 3% 左右，而這個數字則是由人口增長、勞動力供給增長和技術革

新等「真正」因素來決定的。

貨幣主義的理論支柱是古典交易數量方程式：MV =
PQ。貨幣供應（M）乘流通速度（V）等於總支出的水平，而
價格水平（P）乘實質產出等於銷售總額（Q）。

每次購買也是一次銷售，因此貨幣平衡的雙方都是平等
的。弗里德曼認為流通速度（V）是穩定的，實質產出水平則
接近全部就業。這樣，貨幣供應與價格之間有着直接的互為
因果的關係；當貨幣供應增加、流通速度（V）保持不變時，
在價格穩定的情況下，銷售總額就會相應增長，或者產出物
品的數量沒有增加而帶來的商品價格上漲。

弗里德曼的「自然失業率」成為一個非常重要的概念，
指的是物價保持穩定狀態下的最小失業率。將失業率降至自
然失業率之下的嘗試最終可能導致通貨膨脹。他譴責了在 20
世紀 70 年代試圖實現充分就業的擴張性貨幣政策帶來的經
濟滯漲。

1980 年，弗里德曼在電視節目中的露面以及《自由選擇》
（*Free to Choose*）一書都讓他在美國風靡一時。此外，他早期
的著作《資本主義與自由》（*Capitalism and Freedom*, 1962）也
預示着市場允許最大化的政治自由和經濟進步的出現，還為
當代資本主義社會存在的絕大部分問題提出了解決之法，而
國家則要對自由的缺失和經濟困難負責，國家的干預很少是
合適恰當的。

弗里德里希·奧古斯特·馮·哈耶克

（Friedrich August von Hayek）

奧地利經濟學派創始可以追溯至卡爾·門格爾，但這一學派在 20 世紀最傑出的代表卻是弗里德里希·哈耶克。20 世紀中期，他以維護自由民主制度和自由資本主義、反對社會主義和集體主義的觀點而聞名。與他同時期的路德維希·馮·米塞斯是他的擁護者，兩人成立了現代奧地利經濟學派。

● 1899 年出生於奧地利維也納，1992 年卒於德國弗賴堡。

● 與路德維希·馮·米塞斯 (Ludwig Von Mises) 並稱「奧地利經濟學派」領袖。

在成為紐約大學助理研究員之前，哈耶克曾在維也納大學學習法律和政治。20 世紀 30 年代初期，他任教於倫敦經濟學院，而後移居美國。在那裏，他的許多學生們不斷完善機制並創建起研究機構，使奧地利學派繼續呈現出勃勃生機。1974 年，哈耶克獲得諾貝爾紀念獎，這也實現了奧地利學派的復興。據說他的觀點甚至影響了 20 世紀 80 年代的執政者，如美國總統朗奴·列根和英國首相瑪格麗特·戴卓爾等。時至今日，在紐約大學、奧本大學和喬治梅森大學依然設有奧地利專業或學院。

作為傑出的經濟理論家，哈耶克和米塞斯享有盛名。在與社會主義的核算論戰中，兩人都為奧地利方面做出了重要貢獻。有些新古典經濟學家認為他們的價格理論可以用於計劃經濟，甚至可能比用於資本主義制度時發揮的作用還要大。然而哈耶克和米塞斯卻持反對意見，他們認為集體主義

制度下無法獲得市場結構下的有序產出的分散決策。奧地利學派在政治上反對社會主義，哈耶克在 1944 年出版的《通往奴役之路》(*The Road to Serfdom*) 一書便是最好的例證。

哈耶克和米塞斯還影響着奧地利的經濟週期理論，將其與貨幣、銀行、中央銀行等問題關聯了起來。與凱恩斯不同，這兩位奧地利經濟學家將經濟萎縮和蕭條歸咎於糟糕的貨幣政策，尤其是貨幣擴張政策，它會導致通貨膨脹，損傷維持資本與消費品行業平衡的價格信號效用。這一研究也引發了關於自由銀行制度和私有貨幣創新的提議。與大部分問題相似，哈耶克和米塞斯認為市場對經濟因素的約束作用是政府干預無法實現的，也就是説自由市場可以創造更好的效果。哈耶克還斷言政府干預幾無例外使問題更加惡化。

哈耶克在 1968 年退休。在退休前的晚期職業生涯中，他雖然沒有停止經濟學的研究，但已經開始將關注的重點轉移到政治哲學和心理學上來。哈耶克不僅對經濟領域的貢獻非常大，還是 20 世紀最偉大的政治哲學家之一。

計劃經濟

(Planned economy)：統一安排生產、統一分配產品的經濟方式。它通常指代某一國家或政府控制所有的生產要素，統一安排生產要素的使用及收入分配這種經濟模式 (例如蘇聯、古巴和朝鮮的模式)。

羅伯特 · 蒙代爾（Robert Mundell）

出生於加拿大的羅伯特·蒙代爾是最優貨幣區理論的奠基人，他為貨幣聯盟奠定了理論基礎。歐盟地區使用的貨幣——歐元的誕生就源於蒙代爾的觀點，他被稱為「歐元之父」。1956 年，蒙代爾獲得麻省理工學院博士學位，1974 年起執教於哥倫比亞大學。

- 1932 年出生於加拿大安大略省。

- 致力於最優貨幣區理論和供應學派經濟學，1999 年獲得諾貝爾獎。

在一定條件下（主要指在勞動力自由流動及價格與報酬靈活的條件下），蒙代爾一直堅持認為：對一個特定區域而言，統一的貨幣具有更高的效率，可以降低多種貨幣間兌換的成本。蒙代爾認為在全歐洲使用統一貨幣的益處遠遠多於支付的運行成本，並將其觀點在歐洲付諸實施。將多種貨幣合併或創立一種新貨幣具有以下積極作用：促進區域內勞動力的自由流動、資本的自由流動，提高價格和報酬的靈活性，有利於在貨幣合併區或者新貨幣區內重新分配貨幣，而貨幣的分配在欠發達地區常通過重新分配稅收來實現。

最優貨幣區理論遇到了諸多反對意見，其中許多反對意見都來自經驗主義和歷史主義。國家與貨幣的一一對應關係是經濟生活中最重要的因素。此外，最優貨幣理論預測國家或民族的分裂不僅不會帶來新國家的成立或民族內部新貨幣的誕生，反而會使之前的貨幣保留下來，前蘇聯和南聯盟就是最好的例證。另一種反對意見認為加入貨幣聯盟的國家會

喪失其貨幣自主權。

人們通常將歐元區國家和美國各州進行對比分析，問題的關鍵在於美國有聯邦財政機構，它可以實現貨幣政策的協調統一，各州可以依靠聯邦的協助。如果在歐元區也設立了一個類似的財政機構，事情就會有所不同，許多協議如馬斯特里赫特條約會使各成員國的財政政策受到嚴格的約束。

查特主義貨幣理論認為「貨幣是國家的產物」，也沒有像最優貨幣區理論那樣遭到許多反對意見。國家與貨幣的一一對應關係肯定了查特主義貨幣理論的經驗性及歷史性。這一關聯可以確保財政及貨幣政策的和諧統一。嚴格來講，不僅貨幣聯盟，還有其他固定利率體制都存在着查特主義貨幣理論提及的問題，這也包括那些基於其他「固定」貨幣的機制。2000 年之前的阿根廷便是最好的例證，比索在當時與美元及貨幣發行局的匯率便是保持不變的。

> **最優貨幣區** (Optimal Currency Area, OCA)：為達到最高的經濟效益而使用統一貨幣的地理區域。蒙代爾的最優貨幣區理論與查特主義貨幣理論截然不同。

除了在最優貨幣區理論上的成就，蒙代爾還在供應學派、稅務政策、匯率及支付平衡等方面做出了貢獻。

經濟增長理論

經濟增長是指人均產量的實際增長或與人口對應的產品或服務的總產量的增長。經濟增長不僅體現在數量上，還體現在質量上。經濟增長不只是導致某一經濟實體急劇擴大那麼簡單。這種增長是不成比例且具有破壞性的，造成了社會與經濟方面的體制特點的重大變化，改變了技術體制和結構體制。

　　亞當・斯密、大衛・李嘉圖和卡爾・馬克思的古典經濟學理論歸根結底都是經濟增長或資本積累的理論。他們只關心經濟擴張與維持擴張所必需的條件，古典經濟學理論並沒有為經濟增長提供保障。相反，「令人沮喪的科學」一說的出現正是因為大部分古典經濟學家認為未來的資本主義將出現下滑或停滯不前的狀態，而不是蒸蒸日上。

　　在新古典經濟學早期，經濟增長並不是主要議題，關注的焦點是產品的分配。儘管在後期經濟增長理論被提出並一直延續至今，甚至有時在有意無意間與新古典經濟學的部分主題相呼應。經濟增長理論的復興始於凱恩斯和熊彼得。凱恩斯提出「生產和就業的水平取決於總需求的水平」，他的同事羅伊・哈羅德將其拓展為「生產和就業水平的提高取決於總需求的增長」。熊彼得將創新、科技進步和進取精神等概念引入到了增長理論的研究中來。

　　經濟增長理論將增長分為外生性增長和內生性增長兩種。外生性是指經濟體系外的因素，內生性則是某種市場力

量。大部分古典經濟學理論與內生性增長有關，比如馬克思的「競爭促進科技進步」的理論。內生性增長的新古典版本出現在 20 世紀晚期，常被稱作亞當・斯密理論的「更新版」。

近年來，尤其是涉及自然環境的影響之後，經濟增長研究的核心已經由純粹的簡單增長轉向了對增長方式的研究。「可持續發展」倡導的便是一種保護未來經濟發展需要的生態基礎的經濟增長方式。因此自然資源利用率、環境污染以及全球變暖等問題都與經濟增長有關。除此之外，一項「滿意度」調查顯示：經濟增長非但沒有讓人們高興起來，反而引發了一系列的問題和擔憂。同時，正如「人不僅依靠食物存活」所說，經濟發展不能忽視維持人類生存的前提條件——必需的物資供應。

就《政治經濟學及賦稅原理》(*Principles of Political Economy and Taxation*, 1848)「定態」一章的內容來看，約翰・斯圖爾特・穆勒是首先認識到在近代工業社會中，分配比經濟額外增長更重要的人之一。「零增長」或「穩定狀態」的經濟模式得到了當代生態經濟學家們的大力支持。

約翰・梅納德・凱恩斯

（John Maynard keynes）

約翰・梅納德・凱恩斯是 20 世紀甚至整個現代社會最舉足輕重的、最有影響力的經濟學家之一。他是劍橋經濟學家約翰・內維爾・凱恩斯（John Neville Keynes）之子，是阿爾弗雷德・馬歇爾的學生。凱恩斯在強盛的新古典模式下成長起來，卻一直在謹慎地踐行馬歇爾的理論。

- 1883 年出生於英國劍橋，1946 年卒於英國東薩塞克斯郡。

- 創立現代宏觀經濟學，引領凱恩斯主義理論和政策革命。

最終，凱恩斯與馬歇爾決裂，用一種非同尋常的方式詮釋了大蕭條中持續不斷的失業，這開啟了現代宏觀經濟學的大門，也標誌着凱恩斯主義理論和政策革命的開始。

凱恩斯別出心裁地將資本主義稱為貨幣製造經濟，反對貨幣因素與實物因素的傳統式分離。在他後來的觀點中，貨幣被看做罩在人口、勞動力、科學技術及資本和自然資源儲備等實物因素上的一層「面紗」。在凱恩斯看來，貨幣是實際的，貨幣因素可以影響實際產出。這也引導着凱恩斯開始獨闢蹊徑地對積累與投資的關係進行研究。他反對可貸資金模型，並提出了積累和投資決策的不同理論。他認為在可貸資金模型中，積累與利率呈正函數關係，而投資和利率呈反函數關係，它們之間的獨特平衡可以解答為甚麼新古典經濟學認為經濟可以在對土地、勞動力和資本完全利用的基礎上進行自我調整。

凱恩斯認為積累只是收入的用途之一，投資者的投資行為還會受到對將來經濟形勢的期望值以及金融和政治環境等因素的影響，而利率對投資決策的影響則相對較弱，且處於次要的地位。此外，凱恩斯認為投資是動力，積累是非能動的，因此，這種偶然關係與新古典經濟學所認為的「積累通過利率變化來影響投資」這種因果關係恰恰相反。最後，凱恩斯發現積累和投資可以在總產出被完全利用的整體水平上實現平衡，而在新古典模式下，產出被完全使用時，積累和投資間的平衡是一種獨特的宏觀經濟均衡。因此，凱恩斯將經濟體制中失業均衡和非自願失業的存在歸咎於有效需求不足。這為刺激生產和就業的干預主義政策進行了理論辯護，也對自由放任政策進行了批判。

　　凱恩斯對國際經濟學和政策產生了深遠的影響。他擔任着英國政府許多要職，甚至有些是非常敏感的職位。1919年，他代表英國參加巴黎和會，簽訂了標誌着一戰結束的《凡爾賽和約》。1944年，他帶領英國代表團參加了佈雷頓森林會議。凱恩斯對國際經濟和政策產生了深遠影響。儘管凱恩斯的很多建議被聯合國否決，二戰後國際貨幣體系依然受到了他的影響，這種狀態一直持續到20世紀70年代初期國際貨幣體系解體。

唐・帕廷金（Don Patinkin）

唐・帕廷金是美籍以色列經濟學家，他在 1976 年擔任以色列經濟學會會長。帕廷金因對戰後貨幣政策的巨大貢獻而聞名，其中最著名的是「新古典凱恩斯主義綜合派」，簡稱為新古典綜合派。

在經濟學界，新古典綜合派對凱恩斯《通論》的簡介最為獨到。其中，凱恩斯對宏觀經濟學的部分貢獻可以被納入更廣泛的新古典經濟學理論框架之中，而不影響新古典經濟學的核心理論，即只要保持報酬、價格和利率的靈活性，從長遠來看經濟可以達到充分就業的狀態。在凱恩斯主義經濟學理論中，只有當價格和生產要素的價格在短期內保持不變時，才會引發非自願失業和總需求不足。

- 1922 年出生於美國芝加哥，1995 年卒於以色列耶路撒冷。

- 對貨幣理論尤其是新古典綜合學派做出巨大貢獻。

在理論層面，帕廷金認為凱恩斯主義和新古典經濟學的理論是兼容的；而在政策層面，帕廷金則傾向於凱恩斯主義的財政和貨幣政策，而不期待市場的自我調節。其理論和政策上的自相矛盾是所有新古典綜合學派學者如薩繆爾森、托賓和莫迪利亞尼等的典型特徵。

帕廷金理論的核心被稱為實際餘額效應，它依賴於資金餘額實際價值的變化對產出和就業起促進作用的方式。其觀點分為直接實際餘額效應和間接實際餘額效應兩個方面，出發點都是在工人失業的情況下企業會降價以減少存貨。由此引發的通貨膨脹會導致貨幣的實際價值上升。

在直接實際餘額效應方面，帕廷金認為資金價值的上升會直接促進消費和投資，因為消費者和投資者會因為資產的升值而認為自己更加富有，這也開啟了一個促使生產和就業向充分就業發展的進程。

由於 1943 年英國經濟學家亞瑟·庇古（Arthur Pigou）首次提出了此效應，因此也被稱為庇古效應。在間接實際餘額效應方面，帕廷金認為由於此時的利率更低，剩餘資金實際價值的上升間接地促進了消費和投資。價格的下跌導致正常流通所需的貨幣量減少，這樣更多的貨幣就可以用於投資。對股票和證券的需求越來越大，股價攀升，從而降低了借貸的成本，消費和投資也會因此而改善，生產和就業會向着充分就業的方向發展。

> 實際餘額效應（Real balance effect）：尤其在通貨膨脹狀態下，通過財富實際餘額的增加來促進消費，促進生產和就業。

《貨幣、利率和價格》（*Money, Interest and Prices: an Integration of Monetary and Value Theory*, 1956）一書涵蓋了帕廷金的所有觀點。作為一種直接起決定作用的變量，貨幣的直接作用以及凱恩斯的流動性優先學說等都被帕廷金納入研究的範疇。

簡・羅賓遜 (Joan Robinson)

簡・羅賓遜是擁護約翰・梅納德・凱恩斯的劍橋經濟學派中的一員。劍橋經濟學派發展並推廣了凱恩斯的《通論》，主要研究凱恩斯的中心觀點，其成員也被稱為後凱恩斯主義經濟學家。劍橋學派的經濟學家認為他人對凱恩斯《通論》的詮釋有很多不足之處。

● 1903 年出生於英國薩里郡，1983 年卒於英國劍橋。

● 為不完全競爭理論奠定基礎。

羅賓遜在其他經濟學領域也做出了卓越貢獻，可以稱得上是最不拘一格的經濟學家之一。然而，她對普通經濟學理論並不感興趣，相反，她靈感的源泉是經濟學問題中的政治因素及其可能的解決方案。羅賓遜的著作政治色彩非常濃，這也是她區別於傳統經濟學研究的特別之處，她也因此被稱為最著名的傳統經濟學理論批評家之一。

在編著《不完全競爭經濟學》(*Economics of Imperfect Competition*, 1932) 一書時，她的批評理論已經非常清晰。她看穿了傳統經濟學理論中關於競爭實質的不現實假設，認為市場機制研究的基礎既不是純粹競爭性的（如無數的小企業生產種類繁雜的產品），也不是純粹壟斷性的（如一家公司完全控制某一產品的生產）。經實驗得出的證據證實了生產不同產品（在質量和特點上稍有差異的同類產品）的規模各異的公司的存在。產品的差異是消費者對某一公司或產品產生好感的關鍵。現在在任何一本宏觀經濟學參考書

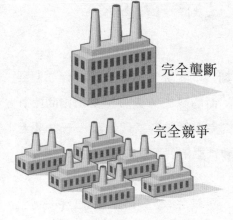

完全壟斷

完全競爭

左圖：在完全壟斷下，一種產品只有一家生產商；而在完全競爭中，多家生產商會同時生產相同的產品，這兩種情形實際上都比較罕見。

中，我們都可以發現羅賓遜關於不完全競爭理論的基礎原理。

羅賓遜還因為發表了一系列有關資本度量的爭論而聞名。她分析了對不同的資本單位進行度量，並將其納入普通經濟學研究範疇的重重困難。這一爭論也演變為 20 世紀六七十年代的「劍橋資本爭論」，為資本和增長理論的發展做出了重要貢獻。在此基礎上，羅賓遜出版了她的代表作《資本積累論》(The Accumulation of Capital, 1956)。

羅賓遜堅決宣稱經濟學研究應該在一定歷史環境下進行，否則經濟學理論無法與實踐經驗協調一致。她詳細闡述了凱恩斯的「根本不確定性」、期望值對投資決策的影響以及投資和總需求在經濟增長中的作用。她認為失業在資本主義制度下是正常現象，這不是暫時的失調，而政府干預是實現充分就業必需的因素。這些觀點都成為後凱恩斯主義的理論基石。

約瑟夫・史蒂格雷茨

（Joseph E. Stiglitz）

約翰・梅納德・凱恩斯證明了非自願性失業的存在與經濟體制正常運轉一致，而約瑟夫・史蒂格雷茨則開始專心研究均衡理論，研究完全競爭的某個假設 —— 如完全信息 —— 的放寬會導致結果出現甚麼改變。

● 1943 年出生於美國印第安納州。

● 創立缺損數據理論，2001 年獲得諾貝爾獎。

1967 年，史蒂格雷茨獲得麻省理工學院博士學位，在還未滿 30 歲時便成為耶魯大學的教授。1995 年至 1997 年間，他在擔任美國經濟顧問委員會主席的同時，還擔任了世界銀行的首席經濟學專家。自從 2000 年開始，他一直擔任哥倫比亞大學的教授以及全球思想委員會主席。

史蒂格雷茨對新凱恩斯經濟學最大的貢獻是「信息化經濟」，也因此而被授予 2001 年諾貝爾紀念獎。不完全信息的研究是不完全市場的諸多含義中較為重要的一種。不完全競爭、市場失靈以及由此引發的問題的解決辦法等都是史蒂格雷茨和新凱恩斯主義的標誌。

新凱恩斯主義經濟學深深地植根於新古典微觀經濟學之中，而它與凱恩斯主義經濟學的唯一關聯就是政策決策。凱恩斯雖然沒有通過對不完全市場的假設達到自己的目的，卻證明了非自願性失業的存在是體制正常運轉的必然產物。相反，約瑟夫・史蒂格雷茨則致力於研究均衡理論，研究完全競爭的某個假設 —— 如完全信息 —— 的放寬（放任）會導致

結果出現甚麼改變。

史蒂格雷茨得出的某些結論頗具馬克思主義的韻味。1984 年，他在一篇和卡爾・夏皮羅合作的文章中，把失業者稱為「訓導工人」（disciplining workers），而馬克思則稱他們為產業後備軍。在充分就業的情形下，職位空缺很多卻沒有富餘的勞動力，工人更喜歡在工資上討價還價。由於他們的位置不會被搶，工人們沒有一點緊迫感。

史蒂格雷茨在世界銀行任職期間，因為華盛頓共識即對國際貨幣基金組織、世界銀行和美國財政部政策的批評而飽受爭議。他還猛烈抨擊了亞洲、非洲和拉丁美洲的經濟發展模式以及蘇聯的經濟模式，提倡一種倡導私有化、自由貿易以及包括放鬆管制和財政預算在內的結構性調整模式。

他在 2002 年出版的《全球化及其不滿》（Globalization and its Discontents）一書中，通過華盛頓共識的例子強調了高利率和政府低投入等節儉型財政政策的危險性。他也一直在強調：有些國家雖然沒有推行國際貨幣基金組織與華盛頓共識推薦的模式，卻取得了成功，中國便是個很好的例子；而遵循那些模式的國家並沒有達到他們所承諾的效果。

不確定性、冒險和信息

前凱恩斯經濟學研究並沒有將消費者、投資者以及決策者所面臨經濟環境的不確定性考慮在內。新古典經濟學的完全競爭理論則把經濟實踐者具有完美信息和遠見的假設納入了研究範圍。凱恩斯和芝加哥學派經濟學家弗蘭克‧奈特 (Frank Knight) 共同提出了經濟學的不確定性及其影響的觀點,將不確定性和冒險明確區分開來。

假如可用信息的實質和數量意味着某一事件發生的可能性都能通過計算得出,那麼任何關於未來的決策都可以稱為冒險。沒有這樣的可用信息,就不能稱為冒險;相反,決策者面對的才是真正不確定的情形。凱恩斯也得出了一個著名的論斷:我們對事物未來的狀態是一無所知的。

即使在冒險的情形下,決策的執行與否取決於承擔風險的決策者的自信程度。凱恩斯認為單純基於計算的投資並不多見;相反,投資者是受「動物直覺」—— 行動的慾望而驅動的。

與不確定性相比,新古典經濟學家們更青睞對不完全信息的研究。完全信息的假設得到了放寬,不完全競爭模式(即不滿足完全競爭的條件、生產者或消費者無法影響價格的模式)也質詢了結果如何改變的問題。「不對稱信息」便是例證之一。在這種情況下,掌握着不同種類和 / 或數量的信息的兩方進行信息交易。以二手車市場為例,車主比買家更瞭解車輛的質量,而瞭解車輛好壞的買家也會理智地根據車輛的

平均質量水平來確定價格。車主們會認為質量好的車輛售價太低並將其撤出市場。隨後，車輛的平均質量水平以及買家的心理價位也會因隨之下降，質量稍好的車輛的價格又一次被低估，如果這時將其撤出市場，又一輪循環便被啟動了。

　　不完全信息的另一個著名代表就是「囚徒困境」，這也是勝算理論的基本案例。兩個人因為搶劫和持有贓物而被逮捕。他們被關進兩個完全隔離的屋子，彼此之間不允許有任何交流。他們分別被告知如果兩人都認罪，將因搶劫而被判處 3 年徒刑。如果都不認罪，他們將只因持有贓物的嫌疑而被判 1 年徒刑。如果其中一人認罪，那他會被釋放而另一人會被判處 5 年徒刑。在這種情形下，儘管兩人都不認罪是最好的結果，但兩人都想認罪。因為如果另一人認罪，將被判 3 年，而不是 5 年。在另一人不認罪的情況下，他認罪就可以被釋放；不認罪呢，將被判 1 年徒刑。這就是「亞最佳均衡」的結果，可以在很多經濟條件下運用。

功能財政論

阿巴‧勒納（Abba Lerner）

在 50 多年的經濟學生涯中，阿巴‧勒納的研究覆蓋了微觀經濟學、宏觀經濟學、新古典經濟學、凱恩斯主義經濟學以及經濟理論與政策。他相信市場的能力並篤信民主社會主義。

● 1903 年出生於俄羅斯比薩拉比亞，1982 年卒於美國佛羅里達。

● 創立「第三條道路」的市場社會主義理論。

勒納最偉大的貢獻就是功能財政論。他認為自由放任政策是一種放棄對經濟前進方向的把握的行為，其中最著名的就是用駕車的比喻來界定和支持了政府對經濟發展方向的把握。

勒納鼓勵政府通過自身的財政和金融機構將有效需求總量保持在充分就業水平上，以避免通貨膨脹，使利率維持在理想投資額的要求的水平上。「健全財政」（政府預算平衡，避免大量國債）並沒有成為他在理論上遇到的障礙，因為他認為政府可以發行足量貨幣來保證經濟發展的正確方向。就因為這一點，勒納能在凱恩斯－奈普－查特主義學派中保持了鮮明的特點。《貨幣是國家的產物》（*Money as a Creature of the State*, 1947）一書是理解功能財政論可能性及有效性的關鍵。

然而，勒納的理論也遭到了諸多反對，尤其是擴大政府赤字的主張。功能財政論也只是把政府預算和國債當做促進經濟繁榮的途徑。預算的多少並不是問題的答案，而是解決問題的途徑。功能財政論將經濟政策對經濟發展的影響作為

評判標準，反對任何有關政策健全或政策不健全的論調。因為政府借貸需要通過貨幣來支付，勒納也就沒有把賦稅和政府借貸納入國家財政的運作範疇。他認為政府借貸是一種掌握貨幣儲備和控制短期利率水平的方式，而賦稅則是掌握需求總量、抵制通貨膨脹的手段。

勒納用「混亂的經濟」一說指代了一種傳統經濟學理論無法詮釋的經濟。他認識到在失業出現時，低效率便開始蔓延。存款的增加會減少可用資金，降低經濟發展速度；而科技進步也會帶來更多的失業人員。

勒納最初擔心的是需方通貨膨脹，他認為賦稅是對之進行有效控制的方式之一。可是他後來越來越擔心供方通貨膨脹，即成本推動的通貨膨脹。他注意到在充分就業狀態下不會發生通貨膨脹。在提出「非加速通貨膨脹失業率」（NAIRU）觀點之前，他引入了「低於充分就業」和「高於充分就業」的概念。

面對這些理論進步，勒納畢其一生精力都致力於研究滯漲（連續的經濟萎縮和通貨膨脹）、各種收入政策的衡量與制定、市場抑制通脹計劃以及報酬—價格控制等。

尼古拉斯・卡爾多

（Nicholas Kaldor）

匈牙利籍經濟學家尼古拉斯・卡爾多先後求學於倫敦經濟學院和劍橋大學，成為當時最傑出的經濟學家之一。卡爾多對宏觀經濟學和微觀經濟學的貢獻涉及了理論和政策層面，在貨幣理論、福利經濟學以及發展和成長理論等方面取得了卓越的成就。

- 1908 年出生於匈牙利布達佩斯，1986 年卒於英國劍橋。

- 對貨幣理論和福利經濟學的發展做出重要貢獻。

卡爾多堅決反對貨幣主義，晚年還反對確定性經濟均衡的概念，推崇基於循環累積因果和路徑相關性理論的不確定性動態調整，並將這一理論看做全球資本主義經濟研究的備用工具。

在《貨幣主義之患》（*The Scourge of Monetarism*, 1982）一書中，卡爾多提出了貨幣需求量應該由中央銀行控制、由市場力量決定的觀點。中央銀行的超額準備金並不會導致借貸增加，相反超額準備金的缺乏也不會限制銀行系統的放貸能力。中央和私有銀行可以滿足貸方的需求，通過增加放貸來促進投資，貸方的收入和積蓄會因此而增加並被重新存入銀行，填補最初放貸留下的儲備空缺，甚至有可能增加儲備量。

在經濟學研究中，卡爾多注重循環累積因果或歷史路徑的相關性，並將其當做確定性均衡結果的補充。由於最終結果與上述經濟體系中的一系列調整過程息息相關，經過推理得出的確定性均衡在現實中出現的幾率並不高，因此動態的

經濟調整過程會出現很多潛在的結果。任何一種結果都會受到之前經濟調整過程的影響。此外，經濟發展的動態性還表現為最終結果的不斷轉變。由此看來，經濟發展沒有最終的結果，而是以非均衡性調整的形式存在。與均衡相比，卡爾多也更看重動態的和歷史的延續性，其經濟學也通常被稱作不存在均衡的經濟學。

卡爾多的循環累積因果是關於正面反饋的，這一點在製造業表現得尤為突出。回報率的提高可以加速生產的擴大，並提升全球市場的競爭優勢；需求的萎靡則會導致生產增長速度放緩與競爭力缺失。卡爾多用這一模式解釋了世界上存在發達迅速的工業經濟和停滯不前的欠發達經濟之間「兩極分化」的現象。

卡爾多曾經做過英國工黨的經濟顧問，還曾經任職於聯合國，為世界上的政府和中央銀行出謀劃策。作為一名高產學者，卡爾多是後凱恩斯主義經濟學的重要代表。

> **兩極分化** (Polarization thesis)：富裕的工業國和貧窮的欠發達國家的存在是因為循環累積的結果。工業化國家的經濟以製造業為主，而欠發達國家主要生產初級產品，缺乏競爭力。

詹姆斯・布坎南（James Buchanan）

詹姆斯・布坎南被尊稱為「公共選擇理論之父」，這一理論改變了經濟學家審視政府和政客的方式。布坎南認為合理的個人利己行為並不屬於經濟學的範疇，利己行為在公共領域是可以得到認同的，對公共部門的這種看法可以加深對政治和政策的理解。

● 1919 年出生於美國田納西州。

● 以公共選擇理論聞名，1986 年獲得諾貝爾獎。

1948 年，詹姆斯・布坎南獲得芝加哥大學博士後，開始在田納西大學任教。他還在弗吉尼亞、喬治・梅森等大學擔任着許多職位，一直保持着極高的創作熱情。

凱恩斯主義經濟學曾盛極一時，並為二戰後的經濟政策奠定了基礎。布坎南卻在方法論等問題上持有不同意見。在他看來，凱恩斯主義宏觀經濟學的高度集中違背了民主社會提倡的個人主義方法論，只會遮蓋或限制基本經濟理論在機會成本等個人層面上的作用。這也引導着布坎南將研究的焦點由起初的爭論向政府財政赤字和國債方面轉移。布坎南在政府預算上的立場與「赤字鷹派」對赤字和國債的觀點一致。他認為政府靠借貸來填補赤字的行為無異於和個人爭搶可貸資金，這在無形中排擠了個人支出，抬高了利率。國債變為後代的負擔，這是不道德的行為。長期以來，布坎南一直提倡通過憲法修正案來平衡預算。

布坎南一直反對經濟學中愈演愈烈的形式主義，無論是

形式建模的方式還是高科技的實證研究方式。相反，他喜歡用道德哲學理論來審視經濟學的本質。正如亞當・斯密那樣，布坎南更注重經濟交流和實現經濟發展的各因素之間互惠互利所必需的法律及制度基礎。對法律和制度環境的關注使布坎南更加注重制度、制度設置以及制度實施的研究。這使布坎南與那些古典政治經濟學家更為相像，而與當時那些將經濟學視為一門科學的學者們不同。布坎南也反對將經濟學視為一門科學，他認為經濟學的科學性更像哲學，而非物理學。

> **公共選擇理論**（Public choice theory）：不贊成認為政客及決策者可以或正在通過自己的行動提高社會福利水平的觀點。他們的初衷是再次參與競選。這其中還存在一種固有的維持或者擴大政府機構規模的趨勢。

羅伯特 · 埃斯納 （Robert Eisner）

羅伯特 · 埃斯納因其對財政和貨幣政策、投資以及改進國民收入核算方式的建議而聞名。

在埃斯納看來，財政赤字的重要性就在於對個人支出的影響。財政赤字往往會導致個人盈餘，因為政府支出會將收入部分注入總支出，而稅收則將收入部分從總支出中扣除。此時的赤字會產生積極效應，因為支出部分（資金注入）大於稅收收入（資金回收）。縮減赤字則意味着個人支出的減少。埃斯納認為赤字會導致高利率和通貨膨脹的觀點沒有任何邏輯和理論依據。

● 1922 年出生於美國布魯克林，1998 年卒於美國伊利諾伊州。

● 對財政政策尤其是國民收入核算有卓著貢獻。

擴大財政赤字和增加國債有利於緩解支出不足引起的經濟萎縮。可是如果經濟發展使社會已處於充分就業狀態，經濟滿負荷或接近滿負荷運行，那麼總需求的增加會導致通貨膨脹。埃斯納認為充分就業且滿負荷運行的經濟狀態與存在失業的經濟狀態截然不同。充分就業狀態下的高額赤字會導致通貨膨脹；失業和萎靡狀態下的赤字會刺激生產和收入，卻不會影響價格。

埃斯納對國民收入核算方式的貢獻包括他對政府的建議：通貨膨脹會降低債券的實際價值，政府需要重新核算以便更清楚地反映通貨膨脹的結果。埃斯納建議以國內生產總值（GDP）百分比的形式進行核算，將其作為確定債務多少的

另一種方法。他認為債務償還能力取決於財產和收入水平，因此國內生產總值越大，填補赤字和債務的能力就越強。

埃斯納還建議政府應該進行資本核算，工商企業、各州縣及地方政府應該將現行支出和資本支出區分開來。本年度的即將使用的商品和服務支出（如勞動力）可以歸為現行支出。在以後的數年中，即將使用的商品支出（如土地和廠房）可以歸為資本支出，並平均分配在投資週期內。如果政府不進行資本核算，那所有的支出都會成為現行支出，這一年度的支出也會變得無比龐大，而其中的投資會使社會受益多年。將政府投入分為資本支出和現行支出可以更好地體現實有赤字（現行核算）。

艾倫・格林斯潘（Alan Greenspan）

艾倫・格林斯潘於 1987 年至 2006 年擔任美國聯邦儲備委員會（簡稱美聯儲）主席。在這之前，他於 1974 年至 1977 年擔任傑拉德・福特總統的經濟顧問委員會主席。

- 1926 年出生於美國紐約。

- 自由放任資本主義制度的擁護者，對貨幣政策影響深遠。

1987 年 10 月 19 日，格林斯潘擔任美聯儲主席後不久，就迎來了被稱作「黑色星期一」的股市大崩盤。當天的單日百分比跌幅在道瓊斯工業平均指數歷史上排名第二。以獨特的交流方式而聞名的格林斯潘聲稱「美聯儲已經放鬆銀根，已將所有必需的償付資金準備好」，有效地穩定了市場，中止了股市繼續惡性發展。

提名格林斯潘擔任美聯儲主席的人是保羅・沃克爾，沃克爾曾經遭遇過 20 世紀 70 年代末至 80 年代初的經濟「滯漲」，當時經濟正面臨着持續的萎縮和通貨膨脹。在沃克爾任職期間，美聯儲認為貨幣政策的第一可變要素是貨幣供應，而格林斯潘卻讓人們開始接受美聯儲無法控制貨幣供應這個現實，貨幣政策開始轉向對兩個重要的短期利率的控制。美國聯邦基金利率是美國同業拆借市場的利率，也被稱為隔夜拆借利率。貼現率是指美聯儲向各成員銀行提供貸款時收取的利率。隔夜拆借利率與貼現率非常接近，也是影響最優惠利率等重要利率的基準利率。

格林斯潘另一個著名的論斷是 1996 年 12 月 5 日提出的

「非理性繁榮和高速攀升的股價」一説。20 世紀 90 年代的經濟膨脹以 2000 年 3 月股市泡沫的破滅以及 2001 年至 2002 年的經濟萎縮而告終。1999 年末至 2000 年初，美聯儲先後 6 次加息，以期實現經濟的「軟着陸」。之後美聯儲又將利率降至歷史最低點，據説這又催生了房地產業的泡沫。

美聯儲格林斯潘時代最重大也是最受爭議的影響便是經濟優先權的變化。通貨膨脹被稱為「頭號公敵」，而充分就業作為國家政策目標的重要性也日漸削弱。格林斯潘因為經常把失業作為抑制通貨膨脹的工具而飽受批評。通貨膨脹抬頭時，格林斯潘會提高利率來延緩經濟增長的速度，但這會帶來失業的增加和市場的蕭條，全世界的中央銀行也因為模仿格林斯潘的措施而受到影響。在 20 世紀 90 年代的經濟復甦中，格林斯潘讓失業率降至可能誘發通貨膨脹的水平線以下，觀察家們也認為如果試圖抑制通貨膨脹，沒有必要保持過高的失業率，較低的失業率和穩定的價格是可以共存的。

滯　漲（Stagflation）:
通貨膨脹與經濟衰退相結合的一種經濟現象。滯漲之所以成為經濟問題，是因為中央銀行調節經濟的手段作用受到局限。可能減輕通貨膨脹的壓力的政策會延緩經濟發展；也可能為了擴大生產，會任由價格抬高。滯漲使政策的作用受到了嚴重的局限，因為在解決這一問題的同時也導致另一個問題惡化。

埃德蒙・S.菲爾普斯
（Edmund S. Phelps）

埃德蒙・S.奈德・菲爾普斯出生於大蕭條中期的芝加哥，曾求學於耶魯大學。1971 年起在哥倫比亞大學任教，1982 年被聘為麥維克政治經濟學教授。

- 1933 年出生於美國伊利諾伊州。

- 發展經濟增長率理論，2006 年獲得諾貝爾獎。

菲爾普斯的貢獻涉及眾多領域，其中以「微觀—宏觀」的研究方法為主，研究失業、物價穩定、貨幣理論、期望值及勞動力市場的流動性等。菲爾普斯屬於古典「全能經濟學家」，其理論成果在很多領域中得到應用，著作主要涉及正常失業率、統計性歧視以及政策研究領域的工資補貼。菲爾普斯還是理性預期理論和貨幣政策（比如時下流行的泰勒規則）方面著名的評論家之一。在這些理論中，貨幣政策被視為一門科學，而在菲爾普斯看來，貨幣政策不僅是一門科學，更像一門藝術。

他對加里・貝克爾的歧視經濟學模型提出了統計性歧視，認為從長遠看來競爭和歧視是不相容的。這也意味着其中一方不得不將歧視（如生產率的差異、人力資本法的差異）以外的種族和性別經濟的不平等性視為起因，或者摒棄完全競爭的假設而轉向不完全競爭。後者正是菲爾普斯等統計性歧視論學者經常採用的方式。

如果放寬完美信息的假設，僱主就無從知曉僱員們的

效率，而且查究這一問題也並非易事。此時僱主們就會把種族或性別當做「衡量標準」，並假設僱員們的平均效率與他們（同種族或性別）所屬的團體相同，或者更低。然而，最終結果會證明其中的不平等性（從經濟學角度上看，這樣更有利於降低成本，這與貝克爾持有的存在歧視傾向的僱主往往遭受損失這個觀點恰恰相反）。

在 1997 年出版的《令人滿意的工作》(*Rewarding Work*)一書中，菲爾普斯建議政府設立工資補貼以促進就業，並提高工人報酬。他認為如果薪酬水平由效率決定，部分工人只能拿到很低的報酬，而公司也只需要向工人支付這一部分工資。很多工人會不滿足於如此低的工資報酬轉而去接受政府補貼。政府的介入和補貼會提高工資水平，將工人推向勞動力市場，使他們喪失領取政府補貼的資格。儘管如此，這仍可以促進就業並減少工人對政府的依賴，即使公司只支付他們認為物有所值的報酬，工人仍然可以通過自身努力來提高生活水平。菲爾普斯核算過這一方案的成本，鑒於在提高收入和促進就業方面的益處，他認為這是可以實現的。

保羅・克魯格曼 (Paul Krugman)

保羅・克魯格曼因為在《紐約時報》上的專欄而成為眾人關注的焦點。1974 年，克魯格格畢業於耶魯大學，3 年後獲得麻省理工學院（MIT）的哲學博士。從 2000 年起，開始擔任普林斯頓大學經濟學和國際事務教授。

● 1953 年出生於美國紐約。

● 對國際經濟尤其是國際貿易有重要貢獻。

保羅・克魯格曼在國際貿易領域的貢獻極為卓著。被稱作「赫－俄－薩定理」（「H-O-S 定理」）的傳統貿易理論中存在很多限制性的假設，比如貿易國擁有相同的嘗試和技術水平、市場可以在完全就業的狀態下進行以及固定收益在生產中佔優勢等。最後一個假設是建議：如果公司按一定比例增加投入，那產出也會以相同的比例增長。

克魯格曼研究的起點是如果經濟活動符合規模收益遞增理論（即投入按一定比例增加，而產出以更高的比例增加），那麼經濟研究的結果會發生怎樣的變化。在收益遞增理論主導的行業中，公司的數量會越來越少，而規模則越來越大，此模式正符合不完全競爭的模型，引起非完全競爭的發展方向。

收益遞增的另一個原因是期望值的作用。某人是否選擇 A 產品而放棄 B 產品，取決於在他看來大部分人現在或者將來會不會使用 A 產品，而大部分人的選擇又取決於別人的取向。

地理因素在經濟學中的重要性是克魯格曼研究的重點，

這也是「新經濟地理學」的組成部分。研究的關鍵問題在於經濟活動發生的地點、原因及其影響。為甚麼赤道附近的國家普遍比較貧窮？為甚麼人口和工業聚集在某一區域而不是其他區域？克萊格曼從兩個角度對這些問題展開分析，第一種將這些結果歸因於潛在的地理條件，第二種則認為發展要靠機遇。有人認為兩者無法共存，而克魯格曼則認為兩者是互補的。

聚集經濟是克魯格曼理論設計的研究領域之一，指人口和經濟活動在地域上的集中。聚集的根本原因就是不斷提高的回報率，而這也意味着不完全競爭的存在。這一觀點還被廣泛地應用於貿易理論，詮釋了區域專業化以及區別於傳統比較優勢理論的貿易方式。然而，包括貿易理論、經濟地理學、收益遞增理論以及不完全競爭等在內的克魯格曼的分支理論匯集到一起，對主流經濟學的發展產生了深遠影響。

消費者行為

個人和家庭的消費支出是市場經濟發展的強大推動力。消費者未來的消費支出像一張晴雨表，是投資者預算生產能力和安排生產計劃的重要依據。消費者信心指數變幻莫測，華爾街以及整個紐約市都對此唯首是瞻。奢侈品消費並不能拉動工業規模經濟的發展，規模生產必須要有規模消費作保障。

　　古典主義作家認為生產問題是經濟學的焦點問題，而早期的新古典主義作家卻把這個焦點問題從生產轉移到了消費上。消費者行為可以用選擇理論來描述，即消費者的喜好受效用最大化原則的支配，還受邊際效用遞減規律的支配，也就是說，隨着消費者對某種商品消費量的增加，他從該商品連續增加的每一消費單位中所得到的效用增量是遞減的。

　　制度經濟學與現代經濟學一樣，也是借助心理學和社會學理論，對消費者行為理論做出了重要貢獻。如，凡勃倫（Veblen）的「炫耀性消費」理念，就是針對消費者的偏好互不影響的理念而提出的。在《有閒階級論》（*The Theory of the Leisure Class*, 1899）一書中，凡勃倫曾描述過那些富有者如何通過穿戴來顯示自己的經濟實力和社會地位，他們的衣物和裝飾品都價格不菲，但華而不實。

　　一些消費者購買某些商品，目的是為了「與眾相同」，消費成為顯示人與人之間社會地位和社會關係的一種方式。這種行為被稱為「跟潮效應」。 相反，個人的消費決定趨向於

追求與眾不同，這就是「逆潮效應」。有趣的是，逆潮效應並非總意味着要開香車或者穿名牌，開破舊的老爺車或者穿褪色、破洞的牛仔褲也是其表現之一。

這種行為有時甚至違背了經濟學定律，所謂的「凡勃倫效應」就是這樣一種情形。受此效應影響，需求曲線呈向上傾斜的趨勢，即價格越高，需求也越高，這就違背了「需求定律」（正常情況下，價格低，需求高；價格高，則需求低）。需求曲線向上傾斜的原因之一可能是人們購買昂貴的商品只為證明自己有支付能力，支付的價格越高證明自己越有錢；原因之二就是消費者認為價格代表商品質量（他們認為價格很低時，商品「可能是偽劣產品」，換句話說，這樣的商品一定是哪裏出了問題），價格越高，質量越好。

後來，關於消費者行為，「滿意選擇」的新理念取代了效用最大化假設的理念。前者認為只要滿意，或者足夠就好；後者秉承「效用最大即是最好」的觀點。傳統的全球範圍內的程序理性和有限理性又取代了理性假設的理念。程序理性指在做出消費決策的過程中強調規則、習慣、社會準則、經驗法則以及他人的推薦意見。凱恩斯（Keynes）宣稱自己提出的「邊際消費傾向」理念（增加的消費取決於增加的收入）是一項「心理法則」，而後來詹姆斯·杜森貝里（James Duesenberry）則提出了「相對收入假說」，強調攀比性，這與凡勃倫和制度經濟學派的理念相吻合。

古斯塔夫・馮・施穆勒

（Gustav von Schmoller）

古斯塔夫・馮・施穆勒是當時歐洲最重要的大學柏林大學的一名教授，也是德國一流的經濟學家之一。他創立了德國經濟協會，在國家經濟和財政改革中影響深遠。他使經濟分析學派起死回生，並成為後來人盡皆知的德國歷史學派。該學派的重要主張是在分析複雜的社會經濟現象的過程中，強調歷史背景和歷史體系的重要性。

- 1838 年生於德國海爾布隆市，1917 年卒於德國巴特哈爾茨堡。

- 德國新歷史學派創始人。

　　要理解德國歷史學派的重大影響，我們需要作一番回顧：在 19 世紀和 20 世紀之交，傳統的經濟學理論主要依賴於演繹分析法。「經濟學定律」就是通過演繹分析得出的。在追求經濟利益時，人會表現出種種行為，人們對這些行為做出種種假設，再從這些假設中推導出「經濟學定律」。如，人們把純粹受自身利益驅使的人假定為「經濟人」，在此基礎上推導出以利益和諧為目的的自動調節經濟。在這一分析過程中，歷史背景和歷史體系沒有發生任何作用，因為這樣的經濟定律是普遍的、不可否認的，在任何歷史條件下都是站得住腳的。

　　德國歷史學派意識到了傳統的演繹方法的弊端，從而發展形成了自己的方法——歷史的統計方法，施穆勒曾在《一般國民經濟學研究》（*Outline of General Economics*, 1904）一

書中對此做過描述。

施穆勒確信應該把經濟學理論納入到制度分析中去，因為制度約束人的行為，包括人的經濟行為。對經濟行為的理解不能僅僅從對人性固有的假設去理解，因為這種行為在很大程度上還受到現存的社會風俗、傳統和社會制度的制約。

施穆勒認為研究複雜社會經濟現象的唯一方法是研究它的歷史發展狀況和因果聯繫，這與傳統經濟學所提倡的靜止的、普遍的、抽象的理論研究形成了鮮明的對比。此外，他還提倡經濟學不能與現實生活的他方面割裂開來，只有對經濟、社會、政治和文化等因素及它們的內在聯繫進行具體的歷史的分析和調查，才能全面地理解現存的經濟狀況。單靠理性和演繹邏輯根本不可能把握複雜的、潛在的經濟實質。

他反對自動調節經濟下所盛行的利益和諧的理念。相反，他看到了社會各階層之間的矛盾衝突，並認為這些矛盾衝突需要靠政府的干預和社會改革才能解決。

> **德國歷史學派**（German Historical School）：該學派主張以研究歷史作為研究人類知識和經濟的主要來源，因為經濟學是具有特定文化內涵的，無法將其概括固定化。該學派重視經濟現實及其對人類的影響，而不是抽象的數學模型。

在社會歷史條件下，經濟的發展證實了在解決複雜的社會經濟問題上，政府干預和社會改革是卓有成效、意義深遠的，也證實了德國歷史學派對經濟，更具體地說，是對社會科學做出的巨大的貢獻。

格奧爾格 · 弗里德里希 · 克納普（Georg Friedrich Knapp）

20 世紀初，所有的國家都在爭論貨幣體系的最佳金屬標準，德國歷史學派的成員之一格奧爾格 · 弗里德里希 · 克納普提議說，根本就沒有必要有一個統一的金屬標準，他認為購買商品根本不需要有固定價值的貨幣。相反，貨幣可以用紙幣（現代貨幣或國定貨幣）來代替。

- 1842 年生於德國吉森市，1926 年卒於德國的達姆施塔特。

- 提出查特主義貨幣理論。

「Chartal」這個術語來自希臘語「chartes」，意思是莎草的一片葉子、一片紙或可以在上面做標記的東西。克納普所指的紙幣是指其交換價值超出其本身固有價值的任何一種貨幣。他認為這樣的「支付手段」之所以能成為「貨幣」，不是因為它有其自身固有的價值，而是因為它是由國家發行並認可的用以支付稅款的支付手段。

克納普解釋說最初國家鑄造貨幣來代替徵收實物稅租。鑄幣為稅收提供了一種均勻介質，因而改善了政府和納稅實體之間的財政關係。可見在國家主權管轄範圍內鑄幣和稅收之間聯繫密切。百姓需要政府的貨幣，因為這是繳納政府稅款的必要手段。

政府鑄造貨幣，然後支付貨幣以獲得私人部門提供的商品或服務，再以稅收或其他形式徵收貨幣。因此，政府就把稅收作為一種刺激手段，刺激市民不斷地提供商品和服務，再用賺得的貨幣來支付應繳納的稅款。

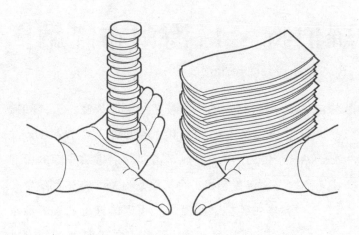

左圖：早期貨幣（鑄幣）本身就有價值，而紙幣本身沒有價值，只是價值的代表形式。

　　隨着經濟的發展，金屬越來越少，紙幣隨即取代了鑄幣。於是，貨幣便喪失了其本身固有的價值，從此不再是具有固定價值的資產。貨幣成了票據，成了一張帶有符號的紙，只代表一定的價值，可以用來繳納政府稅收。

　　在貨幣的本質和進化問題上，貨幣名目論反對貨幣金屬論。前者把貨幣理論從國家理論中分離出來，認為貨幣的起源可以追溯到私有交換的出現，交換中，交易成本最低的交易手段成為貨幣。貨幣金屬論強調的是貨幣的固有價值或者貨幣所體現的固有資產。自 1944 年以後的後佈雷頓森林（Bretton Woods）體系時代始，貨幣不再由黃金鑄成，而是由至高無上的國家權力強制發行並流通，金屬貨幣標準已經過時了。

羅伯特・L. 海爾布隆納

（Robert L. Heilbroner）

羅伯特・L. 海爾布隆納是位著名的經濟學家、公共知識分子。他在自己著名的暢銷書《俗世哲人》（*The Worldly Philosophers*, 1953）中，描述了古典政治經濟學家的思想方案，這些方案備受矚目，令人耳目一新，幾乎都蘊含了資本主義經濟制度永恒不變的運動過程，資本主義的「運動定律」和資本主義制度的傾向性會使「現在孕育着未來」。

● 1919 年生於美國紐約，2005 年卒於美國紐約。

● 在經濟學理論中納入歷史觀點。

海爾布隆納認為資本主義制度的運行軌道與資本主義經濟所處的更為廣闊的社會政治背景密不可分，與歷史主體的主觀能動性和行為傾向性密不可分，而歷史主體的主觀能動性和行為傾向性的變化又決定並決定於社會經濟和政治結構的變化。

海爾布隆納最初對世界哲學家的預測心存疑惑，這促使他對生產、分配以及交換現象背後所隱藏的經濟、政治、文化、社會心理動機和社會心理傾向進行了分析和研究。在這些調查研究中，海爾布隆納對約瑟夫・熊彼特（Joseph Schumpeter）的「視野」和「分析」見解獨到。對熊彼特而言，「分析前的認知行為」必然帶有一定的思想性，而分析有一種「清潔」效果，能夠防止這種思想性去影響研究的科學性；而對海爾布隆納而言，經濟理論必然都有其自身的價值：偏見

總會存在，有時就潛藏在問題的表面之下，常常以假定的形式出現，並決定着分析的內容和未來的方向。

　　儘管海爾布隆納明確提出「解釋」（闡釋）的方法提出的時間相對較晚，但他曾一直強調，沒有調查研究就沒有發言權。對他而言，調查研究的對象不可能只靠假設，也不可能是不證自明的。「經濟」是個抽象的概念，有別於社會整體，因此，對經濟學問題的界定會影響分析的本質和方向。海爾布隆納一直以來都主張，「物質供應」—— 將社會的物質資源提供給社會成員，以滿足他們的需要 —— 應成為政治經濟學家致力研究的中心問題。他因此反對任何關於經濟的普遍「規律」，強調人類歷史上資本主義的歷史特性。海爾布隆納的歷史的統計方法，以及他反對普遍規律，拒絕「解讀」資本主義以前的市場問題的立場，為擺脫現代新古典主義經濟學「經濟學帝國主義」的影響提供了一個緩乘之機。

　　後來，海爾布隆納對在當前形勢下世界哲學能否存在的可能性提出了質疑。他認為目前的情形根本不允許他們採取常規的分析手段。尤為重要的是，他始終堅持自己的立場，認為資本主與制度下的經濟行為信任度降低，而政府干預更具戰略意義。因而「工具主義」的方法更適合於「繪製從現實到預期目標的可行性路線的藍圖」，而不再是「現在孕育着未來」（《現代經濟學思想的視野危機》，1996）。

彼得‧克魯泡特金

（Peter Kropotkin）

彼得‧克魯泡特金，俄國社會政治哲學家、無政府主義運動的重要領袖之一，把無政府主義看做是反對資本主義政權和制度的階級鬥爭的產物。他著書立說，發展了一系列無政府共產主義的理論。其著作有《現代科學與無政府主義》（*Modern Science and Anarchism*, 1908）、《互助：進化的因素》（*Mutual Aid: a Factor in Evolution*, 1902）和《田野、工廠、與車間》（*Fields, Factories and Workshops*, 1912）等，這些書對無政府主義理論的發展做出了重要的貢獻。

● 1842 年生於俄國莫斯科，1921 年卒於俄國莫斯科的德米特羅夫鎮。

● 形成一整套無政府共產主義理論。

克魯泡特金的無政府共產主義既反對資本主義政權也反對資本主義制度。他認為無政府主義應該是日常階級鬥爭的結果，特別是工人反抗資本家剝削和資本主義政權統治和壓迫的結果。資本主義制度採取中央集權制，只確保少數人的權利和利益。克魯泡特金認為，首選的社會組織形式是在一個自由的自主管理的公社聯合會中實行分散的合作社。

無政府主義者認為讓勞動個體在不同的勞動部門間進行交流，就可以避免勞動分工對勞動者產生負面影響，從而促進產量的提高，讓社會獲益。

在無政府共產主義社會，社會和諧與秩序不是通過遵守

法律或尊重權威實現的，而是通過不同群體之間自由達成的協議實現的。沒有政府的干預，社會將在人們易於接受的範圍內進行不斷的調節、再調節。

在克魯泡特金的名著《互助》中，他寫道，合作和互助應該是自然世界和人類社會共有的法則。他認為人類得以成功進化的一個主要因素是合作與分享，並不需要市場或國家這樣的體系或制度。克魯泡特金認為合作是人類生存的基本策略。從這個角度出發，他在《田野、工廠與車間》一書中提出了自己有關社會組織的理論，該理論的基礎是通過社會習俗和自由契約而相互聯繫在一起的生產公社。

在《現代科學與無政府主義》一書中，克魯泡特金企圖為無政府主義尋求科學的理論根基。作為一位著名的自然科學家，他的很多政治思想都是從對人類和動物進化的研究中得出的。他熟諳科學研究的方法，強調歸納—演繹方法的重要性，並把它運用到社會日常生活的分析中去，創立了無政府主義的科學理論。

克魯泡特金還特別關注勞動分工問題。他反對腦體分工，聲稱全體社會成員既需要參加腦力勞動，又需要參加體力勞動。除此以外，他還反對把「田野」與「車間」區分開來，並再次提到所有的社會成員都需要從事兩種勞動的機會。

> **無政府主義**（Anarchism）：
> 從字面上講，無政府主義意思是「沒有國家政府」。從廣義上來說，無政府主義指的是一種沒有國家政府的社會組織形式。

托爾斯坦‧凡勃侖

（Thorstein Veblen）

托爾斯坦‧凡勃侖是經濟學史上的一位神秘人物，他所生活和從事寫作的時代正值第二次工業革命（大約 1817 — 1914 年）時代，其著作反映了這一時期的特點：科技進步顯著，規模化生產飛速發展，企業的所有權和經營權分離。

- 1857 年生於美國威斯康星州。1929 年卒於美國加利福尼亞州。

- 美國社會學家、經濟學家，效率增進運動的領導人物。

凡勃侖認為靜止的經濟學理論無法解釋持續變化的社會經濟秩序，經濟學的研究對象應該是進化中（即制度的本質是隨時間的變化而不斷進化的）的制度研究。相反，傳統的經濟學理論只關注經濟學定律那些一成不變的公式。

在研究社會經濟變化的本質、方式和原因的過程中，凡勃侖描述過兩大因素：技術因素和制度因素。技術進步是社會經濟變化的推動力，而現存的社會制度則是滯後的，阻礙社會的進步。技術進步以及這種制度的反作用力決定了社會經濟和文化必然要發生變化。凡勃侖的理論方法為新的經濟學分析的理論框架奠定了基礎，這種新的經濟學分析理論就是制度經濟學。

凡勃侖的追隨者們把制度學派的思想從美國傳播到了全世界。他們認為高度抽象的理論缺乏現實依據，因而強調理論的歷史相關性和經驗相關性。

同時，凡勃侖還是一個尖銳的社會批評家。他以自己的

炫耀性消費理論而最負盛名。在他的《有閒階級論》(*Theory of the Leisure Class*, 1899)一書中，他指出金錢競爭或與金錢相關的競爭在消費行為中起着舉足輕重的作用。擺闊和休閒是金錢優越性的象徵。在這樣一種社會背景下，個人財富的持續炫耀是社會自尊心理和社會效仿心理在作祟。

凡勃侖提出了「金錢本能」這個術語，可見人在財富方面的競爭有多麼激烈。然而，金錢本能並非人類行為背後的唯一驅動力。在他的名著《工藝本能和工藝狀況》(*The Instinct of Workmanship and the Irksomeness of Labor*, 1914)中，凡勃侖認為所謂的「工藝本能」是人的天性。這意味着金錢方面的回報不是人們工作的唯一動機。相反，凡勃侖認為，除了金錢上的回報外，工作還能讓人在有效的工作中產生成就感。遺憾的是，自從金錢本能取代了工藝本能後，商人們便不再受工藝本能的支配了。

凡勃侖在自己的企業分析中，最為矚目的成就是他首次對商業和工業進行了區分，指出了二者的不同之處，並寫進了他 1904 年出版的《企業論》(*Theory of Business Enterprise*)一書中。一切商業活動的目的都是攫取金錢和賺取利潤，而工業活動同時還要關注車間、產品的社會適用性和企業改革。

凡勃侖注意到，企業的所有權與經營權分離對產品的社會效用產生了不良影響。企業實體的日常運作受管理者的監督，而對管理者來說，運作本身毫無意義，他們的工作只是確保個體勞動者的積極性，而勞動者改進工藝的本能因此也就大打折扣。

經濟週期理論

經濟週期指經濟運行中週期性出現的短期的經濟擴張與經濟緊縮交替更迭、循環往復的一種現象。經濟週期是大蕭條時期的突出表現。大蕭條時期指的是從一戰到二戰的這段時間。這段時間內，人們曾就經濟不景氣和大蕭條的原因和解決辦法各抒己見，展開熱烈討論。

在歷史上，經濟週期隨週期運動中經濟因素的不同而不同。在 19 世紀，商品的價格在經濟膨脹時會上升，在經濟緊縮時則會下降；在 20 世紀，產品產量和就業率隨着經濟的繁榮衰退而或升或降，商品的價格則穩升不降。還有諸如「經濟增長性衰退」之類的現象，此類現象發生時，產品產量和就業率的增速會下降，但經濟卻不會增長。

人們提出了很多不同的理論來解釋經濟週期的問題。這些理論大都試圖確認直接或間接地影響投資的某個因素或某些因素。其中，有的集中論述金融問題，如銀行系統和貨幣政策，還有的從技術變化的角度來論述經濟週期的根源。

儘管還有很多不同的金融理論，但大都把經濟週期看做是金錢與信用、銀行系統或貨幣政策的結果。克努特·維克塞爾（Knut Wicksell）認為銀行利率和自然利率或正常利率之間的差異會導致信用膨脹或緊縮，這個理論影響了後來很多關於經濟週期的貨幣分析法。路德維希·馮·米塞斯（Ludwig von Mises）、弗里德里希·哈耶克（Friedrich Hayek）以及奧地利學派都強調不良貨幣政策下的利率會誤導投資

者，從而影響經濟中資本的配置。凱恩斯則強調投資者的預期取決於投資者是樂天派還是悲天派，還取決於「流動性遷徙」（投資者會避開他們所覺察到的高風險投資項目而趨向於更為有利可圖的投資項目）的經濟影響。「流動性遷徙」即增長的對金錢的需求。

相反，經濟週期的技術理論認為金融動盪並非經濟危機的結果，而是加重經濟危機的原因。按照這種思路，經濟增長和經濟週期本身就是同一種現象的結果，而貨幣分析法對二者卻有着不同的闡釋。熊彼特認為經濟週期根源於一系列的技術革新，技術革新帶來了經濟增長。持相同觀點的其他人認為競爭迫使公司引進節省勞動力的新技術 —— 換句話說，經濟週期出現的原因是內在的，或者說是由市場的力量決定的。

人們對經濟週期所引發的一系列問題提出了很多政策方案。有人認為政府干預是無效的，有人則認為貨幣或財政政策是最重要的。當代的宏觀經濟穩定政策包括就業方案、收入政策、與傳統的貨幣財政政策互為補充的其他政策。其中一些政策不僅要解決經濟總量失衡的問題，而且還要解決與經濟週期相關的經濟部門的問題。

卡爾・威廉・卡普

(Karl William Kapp)

卡爾・威廉・卡普是歐洲制度學派的經濟學家,在對自由經營干擾和破壞社會生態這一現象的經濟分析方面,他奉獻了自己畢生的精力。卡普認為不管所有制形式(私有、國有等)如何,只要企業追求成本最小化,就會給社會生態帶來負效應。

- 1910 年生於德國的哥尼斯堡,1976 年卒於克羅地亞的杜布羅夫尼克。

- 確認社會成本在經濟活動的重要性。

　　廢棄物的產生和處理、農業活動所導致的森林砍伐和土壤退化、生態平衡的破壞、能源枯竭、職業病、放射物輻射、資本密集型的生產活動為節省勞力而導致的失業,以及對環境、人類健康和福利所帶來的很多其他負效應,這一切都是人類濫用當代人和下代人的社會成本的有力證據。

　　卡普指出這些成本屬於社會,因為它們不是責任人出錢購買的,而且這種成本可轉嫁給第三方或者轉嫁給整個社會。在環境破壞和污染問題上,社會成本的存在不僅是因為責任人不願意出錢,還因為環境破壞的最初責任人、環境破壞的程度、環境污染所影響的人數及其所帶來的負面效應的程度等都難以確認。

　　最初的污染行為發生後,僅幾年的時間,污染的負面效應可能就會變得很明顯,這樣就更難確認環境污染的最初責任人。污染逐漸累積,也使得問題更加複雜化。儘管環境污染的初始影響很重要,但隨着時間的推移,該影響通過自我

強化以及和其他污染物質的相互作用而日益擴大。日積月累，要在成千上萬的企業中分清社會成本的責任人確實很棘手。

要把社會成本融入當前經濟分析中，還應核算社會成本的市場價值。社會成本在本質上是定性的，這對金融成本核算提出了質疑。我們如何憑藉健康、生活、自然等因素來決定市場價值呢？

不能確認社會成本的來源和去向，不能用金錢來準確地衡量社會成本，就不能制定出囊括所有社會成本的市場政策。於是，生產廠家紛紛把生產的社會成本轉移到社會或下一代人身上，這樣才能減少自身的生產成本，增加國家稅收，成為國家收入的主要來源。如今，消費者購買商品時，支付的並非是全額價格，生產廠家也並非全額支付生產成本，因為部分生產成本屬於社會成本。

卡普認為解決社會成本問題的唯一辦法就是在技術、生產、投資方面採取不同的決策過程，免得耗費社會成本。如果該決策可行，那麼所有與社會成本相關的問題將會迎刃而解。該決策的基礎是社會評估，是在決定投資時，對可能存在的成本（如污染的影響）和利益（如就業機會）進行評估。清新的空氣和潔淨的水，以及其他人們的客觀需要，如食物、住房、衛生保健、教育和安全問題等，這些是該決策最重要的客觀標準，是確保社會安全的最低標準。有了這種最低標準，投資者在追求自己的利潤時，就不會再去冒險，而會注重生態系統的再生產和社會再生產的長遠利益。

約翰・肯尼斯・加爾布雷斯（John Kenneth Galbraith）

約翰・肯尼斯・加爾布雷斯是哈佛大學的經濟學家，他向「傳統智慧」提出了挑戰。他出生並成長在加拿大的一個農民家庭，在伯克利加州大學修過農業經濟學，後來在哈佛大學當教師，並終生以此為業。他從不相信市場善舉，但在政府的經濟制度方面，他卻是個積極擁護者。

● 1908 年生於加拿大的安大略，2006 年卒於美國的馬薩諸塞州。

● 政府經濟制度的積極擁護者。

在經濟領域日益正式化和數學模式化的時代，像馬克思、凱恩斯、熊彼特和凡勃侖一樣，加爾布雷斯始終固守着舊古典經濟學家的政治經濟學傳統。他最重要的職務是二戰期間在價格管理局擔任的職務。後來，他曾進諫約翰 F. 肯尼迪總統。1961 年，肯尼迪總統任命他擔任駐印度大使。儘管同事們對加爾布雷斯的工作很挑剔，但在 1972 年還是選他擔任了美國經濟協會的會長。他還是一個多產作家，其最為著名的作品有《1929 年的大崩潰》(The Great Crash: 1929, 1955)、《豐裕社會》(The Affluent Society, 1958)、《新工業國》(The New Industrial State, 1967) 和《經濟學和公共目標》(Economics and the Public Purpose, 1973)。

加爾布雷斯剛到哈佛任教時，正值宏觀經濟學上的凱恩斯革命和微觀經濟學上的壟斷競爭革命方興未艾之時。他才辯無雙，成了後凱恩斯主義的忠實捍衛者，主張促進充分就

業。他批判傳統的經濟理論，因為它們沒有確保資本主義經濟在大公司時代獲得現代化的發展。在競爭中，越來越多的小企業與有着更強競爭力的大企業並存。人們普遍認為大企業通過廣告可以控制產品價格和消費者。與此相反，加爾布雷斯反對廣告傳統的信息功能，他認為是廣告操縱着消費者，廣告人為地創造需求，公司就以滿足這種需求為目標。他反對新古典主義的消費者主權，而提倡生產者主權。

為了防止寡頭壟斷市場所帶來的風險，「抗衡力量」（加爾布雷斯創造的另一個術語）是很有必要的。消費者組織、貿易單位和政府干預應該聯起手來，阻止這種毫無限制的壟斷市場所帶來的風險。

加爾布雷斯提出了「計劃體系」，指的是具有 19 世紀大型企業的資本主義模式的市場競爭。加爾布雷斯是一個思想革命家。他堅持認為新古典經濟學理論適用於自由市場經濟，卻不適用於現代企業的計劃體系。現代企業的計劃體系擁有大部分的財富和權力，負責資源的不均衡配置。新古典經濟學在解決權力競爭的問題上疲軟無力，這是加爾布雷斯終生研究的對象。他一再強調在理解現代資本主義的問題上，權力和權力關係很重要。

夏洛特・帕金斯・吉爾曼

（Charlotte Perkins Gilman）

夏洛特・帕金斯・吉爾曼是位自學成才的經濟社會學家、社會評論家、劇作家、小說家和詩人。她首次提出女性在勞動中所起的作用越來越大，這不僅能讓婦女得以翻身解放，而且對經濟發展本身也大有裨益。吉爾曼讓人們認識到婦女在經濟中的重要作用。傳統上，婦女的很多活動只與做家事或養育子女相關，且毫無報酬。吉爾曼則預言這些活動將會變成以市場為基礎的服務性活動。

- 1860 年生於美國康涅狄格州，1935 年卒於美國的帕薩迪納。

- 將性別意識帶入經濟研究中。

吉爾曼關於經濟學的名著是《婦女與經濟》（*Women and Economics*, 1898）。她被認為是女性主義經濟學之母，認為男女不平等是體制結構不合理並非生物學因素的結果。只有改變體制，才能改變以性別為基礎的經濟關係，才能提高婦女地位，最終有益於社會。她這一論斷的經濟學原則是專業化會提高效率和產量。婦女從體制壓迫下對男人的依賴中解放出來，也能從各行各業中脫穎而出，做家事的效率也會大大提高。

吉爾曼主張婚姻平等，強調提高效率有益於男女雙方，市場應該多提供女性在家就能工作的機會。吉爾曼深受達爾文的影響，認為人類的進化部分上是由社會決定的，尤其是由現存的社會制度決定的，因此，她是一位偉大的社會學

家。她相信市場解決方案，因而她的作品和與她同時代的托爾斯坦‧凡勃侖的作品屬於同一派別。

　　不管是新古典主義還是馬克思主義，二者都因「無視性別差異」、掩飾了其理論框架的男權本質而遭到批判。有償的職場勞動和無償的家務勞動就是經濟學具有性格偏見的一個典型例證。職業性別隔離和性別工資差異就成了理論調查研究和實證調查研究的主題。新古典主義有關歧視的理論，包括那些最初針對種族經濟不平等的歧視在內，也被運用到了性別關係領域。其他理論則大都在女性研究和女性主義學術的引領下，更加哲學化並朝着跨學科的方向發展。隨着用以解釋性別差異的「人類性別指數」的發展以及「社會性別與發展」作為一個研究領域的出現，性別也成為研究經濟發展的一個重要領域。黑人女權運動和第三世界國家的女權運動向西方國家女權主義鬥爭方式中的階級和種族偏見提出了質疑，生態學上的女權主義者則把問題的矛頭直接指向了性別和環境。女權主義經濟學出現於 20 世紀 80 年代，而反對父系社會和性別經濟不平等的運動則於 20 世紀 60 年代就達到了高潮，但一直以來吉爾曼都被認為是這場運動的先驅。

西蒙・庫茲涅茨（Simon Kuznets）

美國經濟學家、諾貝爾獎獲得者西蒙・庫茲涅茨因其對收入增長與收入不平等、國民收入核算、經濟增長與發展理論以及經濟週期理論的研究而名揚四海。庫茲涅茨常被稱為「國民收入核算之父」，他強調經濟現實和社會現實潛在的複雜性，以及經濟分析中實證研究的重要性。

● 1901 年生於烏克蘭哈爾科夫，1985 年卒於美國的馬薩諸塞州。

● 對經濟增長理論有重要貢獻，1971 年獲得諾貝爾獎。

1954 年，庫茲涅茨當選為美國經濟協會的會長，在美國國家經濟研究局同威斯利・C. 米歇爾（Wesley C. Mitchell）一起研究國民生產總值（GNP）的標準化衡量問題。

庫茲涅茨認為收入不平等和經濟增長之間存在倒置的 U 形曲線關係（庫茲涅茨曲線）。這一假說認為在經濟發展過程中，從人均國民生產總值的增長情況來看，個人收入分配最初是不平等的，但會逐漸趨向穩定，變得較為平等。因此，收入不平等一定是存在的，然後才會有收入的相對平等。

庫茲涅茨的假說來源於自己對現有發達國家歷史經驗的觀察。他發現人均國民生產總值水平低，人們的收入低，對生活的需求也低，收入差距因此受到限制。隨着經濟的迅速增長，儲蓄向高收入群體集中，勞動力從農業轉向製造業的產業結構的變化，二者拉大了人們的收入差距。經濟繼續增長，就會出現一些抵制力量，從而使收入之間的差距縮小。庫茲涅茨認為這尤其要歸功於立法（如遺產稅）、人口因素

左圖：庫茲涅茨曲線，該曲線顯示出隨着國民生產總值的增長，收入逐漸趨向於平等。

（人口因素中高收入群體相對人口的下降）以及那些與社會和科學技術變化相關的因素。

　　庫茲涅茨認識到當代不發達國家和發達國家所經歷的工業化以前的階段是有區別的。這種區別讓他意識到當代不發達國家的經濟發展和增長還存在着巨大障礙。一些人卻利用他的假說來支持自己的觀點，他們認為發展經濟就應該只關注經濟的增長，而無需關注收入分配問題，儘管庫茲涅茨一再警告他們，說這不是他的本意。

　　最近，更多的研究證明經濟合作與發展組織的成員國之間的收入差距在拉大。自 1980 年以來，該組織鼓勵進行更為精細和複雜的政治經濟分析，而不是簡單分析經濟增長和收入不平等之間的關係。正如庫茲涅茨最初的觀點所言，一個國家的發展不單純是由孤立的內部因素所決定的，經濟增長和收入分配問題應該放在全球背景下來思考。

尼古拉斯・喬治斯庫・羅根（Nicholas Georgescu–Roegen）

尼古拉斯・喬治斯庫・羅根是生態經濟學的奠基人。他出生於羅馬尼亞的一個鄉里社區，後來成為一名傑出的數學家，同時還深入研究了經濟學的生物物理學基礎。喬治斯庫・羅根把經濟學與環境和社會現實聯繫起來，在研究經濟的過程中，他還對熵和環境中的生物降解頗感興趣，其著作《熵律與經濟學進展》（*The Entropy Law and the Economic Process*, 1971）是當代生態經濟學流派的基礎。

- 1906 年生於羅馬尼亞的康斯坦察，1994 年卒於美國的田納西州。

- 將熱力學的「熵」概念引入經濟研究。

熱力學定律在經濟學中的含義是喬治斯庫・羅根研究的核心。在有限的自然世界裏，經濟發展的唯一手段就是耗盡有限的自然資源。自然資源是生產的來源，自然資源耗盡了，傳統經濟學所宣稱的指數增長便不會實現。資源是有限的，因此，不僅經濟增長，就是經濟零增長的狀態也難以永遠維持。根據熱力學定律得出的結論，經濟必然萎縮。受環境生物物理條件的限制，無限發展是不現實的。太陽能也遠非解決問題的辦法，因為已經證明礦產資源的熵減遠比能源的熵減更重要。因此，我們要盡可能少地消耗礦產資源和能源。

喬治斯庫・羅根注重資源利用方面存在的代際不平等問題。當代人的經濟行為影響着下一代人的經濟行為。自然資源是有限的，能源和物質最終會耗盡，而污染對環境的惡劣

影響卻在累加。在這個過程中，面對當代人對下一代人的壟斷，下一代人卻也無可奈何。

在有限的自然世界中，科技進步不可能永遠實現，除非礦物學上還會有重大發現伴隨着相應的技術革新。技術革新的方向應該是力求找到在生態學方面行之有效的物質生產和能源生產的方法。

喬治斯庫·羅根重視經濟學中的需求學派在維護環境方面所起的作用，他們主張緩和消費、避免浪費。人類可以選擇儘快地耗盡可利用的有效資源，也可以選擇降低他們的生活標準，從而擴展下一代人的生存空間。人類應該避免鼠目寸光，要把自己看成是進化着的有機體——人類，而不是純粹自私的消費者。

熱力學 (Thermodynamics)：熱力學的第一定律是指能量既不能被創造，也不能被消滅，它只會進行形式上的轉換。熱力學的第二定律指的是熵定律，其內容是：任何能量的利用都會減少未來可用能量的總量。喬治斯庫·羅根強調說，這不僅適用於能量，而且也適用於物質，二者均取決於熵值的減小。

從純粹的物理學的觀點看，經濟活動的過程符合熵定律：它既不創造物質或能量，也不消費物質或能量，只是意味着熵由少到多的持續增加（也就是不可重複利用的垃圾的增加）。

——喬治斯庫·羅根《解析經濟學》，1966

發展經濟學

發展指的是經濟增長,但通常是指社會和經濟在質量和數量上的共同進步。通常人們都認為是古典作家最先提出的經濟發展理論,這個術語又與諸如約瑟夫‧熊彼特等後人的研究聯繫起來。在後二戰時代,經濟發展通常又指亞洲發展中國家、非洲和美洲的發展。

人們一致認為,在早期的政策中,那些適用於發達國家的,尤其是後來時興的凱恩斯主義政策,並不適用於發展中國家。凱恩斯主義理論認為,如果一個國家未投入使用的生產能力和失業勞動力太多,就需要擴張性貨幣政策和財政政策,以提高就業率和未用生產能力的利用率。發展中國家勞動力過剩,但他們沒有能力提高就業率,需要別國的投資。

發展中國家大都植根於前期的殖民地狀態,面臨的發展條件特殊,這是早期的發展經濟學研究的一個焦點問題。在殖民主義時代,宗主國在他們的殖民地只顧開採資源,很少會注意均衡發展的問題。結果,如今大部分發展中國家都面臨着經濟發展無法一體化的難題,通常情況下,他們只好形成片面的經濟結構,只生產一種或幾種農作物或者只開採一種或幾種自然資源,然後出口發達國家。這使得他們更加受制於世界商品價格的浮動,更加受制於製成品與初級商品之間日益下降的進出口交換比率(例如,要購買相同數量的收音機,他們需要更多的可可粉)。

聯合國對促進經濟的發展發揮了舉足輕重的作用,尤其

是聯合國貿易和發展會議（UNCTAD）、聯合國開發計劃署（UNDP），這兩個組織在制訂發展計劃和政策等方面做了大量的研究，並對很多項目進行資金監管和資金援助。在聯合國從事發展問題研究的有很多重要的經濟學家，例如勞爾·普雷維什（Raul Prebisch）和阿瑪蒂亞·森（Amartya Sen）。阿瑪蒂亞·森對人類發展指數的貢獻還被廣泛應用於很多研究。

其他國際機構，如世界銀行和國際貨幣基金會（IMF），也對經濟發展影響重大。20世紀末，這些機構的工作重心從政府干預轉向以市場為基礎的經濟策略，這體現在結構性調整方案（SAPs）上，包括平衡預算、減少稅收、節減政府開支、撤銷管制規定以及其他那些符合自由市場和自由貿易要求的政策。

儘管這些方案在促進經濟發展方面取得了一定的進展，但是貧困、不平等以及失業等問題仍然在困擾着我們，尤其在非洲，諸如艾滋病等健康問題依然是經濟發展的巨大障礙。除此以外，在很多地區，人們的生活水平並未得到提高，這就增加了這些地區的政治動盪和社會不安，而日漸消耗的資源，又進一步阻礙了經濟的發展。

約瑟夫・熊彼特

（Joseph Schumpeter）

摩拉維亞出生的奧地利裔美籍經濟學家約瑟夫・熊彼特是經濟發展和經濟週期方面的偉大理論家之一，因其關於「創造性破壞」的理論而名揚世界。

- 1883 年生於奧匈帝國（現在的捷克共和國）的特雷斯特，1950 年卒於美國的哈佛。

- 對經濟週期理論和動態經濟學做出重要貢獻。

經濟週期理論認為經濟增長不是循序漸進的，而是呈波浪狀、增長和停滯循環交替出現的週期性動態發展的過程。熊彼特是研究經濟週期和經濟發展驅動力的經濟學家之一。他在動態經濟學方面的主要觀點體現在著作《經濟發展理論》（*The Theory of Economic Development*, 1911）和《經濟週期》（*Business Cycles*, 1939）中。

通過研究，熊彼特得出的結論是：打破經濟靜止狀態的動力是科技進步或技術革新。技術革新，如地方性的、區域性的、國家性的或者全球性的，規模不一，時間不同，影響各異。技術革新推動經濟變化，打破經濟的靜止狀態。技術革新一旦成功並被四處推廣，經濟便再次歸於靜止狀態，直到新的技術革新出現。熊彼特認為正是因為企業家在不斷地尋求更大的利潤，才把技術革新引入了市場。企業家的創造力是經濟發展的推動力，因此，企業家就成了熊彼特研究的重心，也是他對經濟增長進行分析的重心。

熊彼特認為競爭不是傳統的價格競爭，而是技術競爭。

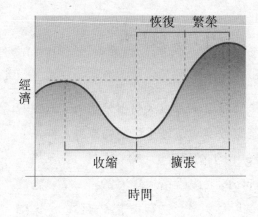

左圖：經濟週期理論解釋了經濟擴張和收縮的循環本質。

在產品市場上，各公司競相引進新技術，提高產品質量，提供新型服務等，而不再是進行價格上的競爭。即便是那些壟斷企業，甚至寡頭壟斷企業也面臨着技術革新帶來的威脅。

創造性破壞（Creative destruction）：這是熊彼特創造的一個著名的術語，用以指那些新技術或者改進了的技術對市場的影響，它們淘汰了現存的產品或技術。採用新的生產方式和消費方式可以扭轉市場形勢。

熊彼特的創新理論分為五種情況。產品革新，即引入一種新產品或提供產品的新質量；生產方法革新，在生產中引進新技術；開闢新市場，創造產品銷售和經濟增長的新機會；尋找新來源，即為自然資源尋找新的供應來源以滿足經濟增長的需要；最後，革新企業的組織形式，這樣可以提高產量，優化企業各部門的勞動力分配。所有這些類型的革新可能會同時發生，它們在很多方面也是相輔相成的。

熊彼特把有關貨幣、金融信用體系的理論運用到他的總體設想。企業家單憑企業積蓄根本不能全額支付革新所需的費用。因此，推進市場改革就需要具有信用產生力和合理貸款條件的銀行系統。

華西里‧列昂惕夫

（Wassily Leontief）

華西里‧列昂惕夫發展了現代投入產出分析法，這種方法是經濟分析和制定經濟政策必不可少的工具。他本人也因此而獲得 1973 年的諾貝爾獎。除此之外，列昂惕夫還把投入產出分析法的理論應用於國際貿易、環境經濟學等領域以及用於解決科技進步導致的失業問題。

- 1906 年生於德國的慕尼黑，1999 年卒於美國紐約。

- 提出投入－產出分析法。

　　列昂惕夫出生於俄國，就讀於家鄉的聖‧彼得堡大學。1925 年，他 19 歲大學畢業，此時聖‧彼得堡大學已更名為列寧格勒大學。後來他移居德國，成為「基爾經濟學派」的一員。該學派深受魁奈的《經濟表》（Tableau Economique）和馬克思再生產理論的啟發，提出了產業資本主義經濟中各經濟部門之間的關係模式。1928 年，列昂惕夫取得了柏林大學的博士學位，隨後成為哈佛大學的一名教授。1975 年，轉至紐約任經濟分析研究所所長。

　　列昂惕夫很崇拜瓦爾拉斯（Walras），他想用瓦爾拉斯體系理論激活李嘉圖和馬克思古典主義的理論框架。他把無形的市場和一般均衡理論中的完全可分商品（perfectly divisible goods）當做具有固定生產技術係數的真正的產業部門。投入－產出表揭示了經濟發展中工業生產的結構，在這個結構中，產出直接或間接地也是生產其他商品的投入，有時甚至

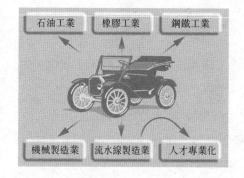

左圖：一種工業的發展，如汽車的發明，可以帶動很多看上去毫不相關的工業的發展。

就是自我生產的投入。投入一產出分析法還揭示了生產的技術結構，如資本貨物的技術構成、勞動生產率、各個部門的勞動投資額等等。大型的跨行業模式特別適用於分析現實世界和制定策略，包括制定經濟計劃。列昂惕夫是指導性計劃的堅定支持者，戰後，法國和日本都曾使用過這種計劃。不像把所有商品的價格和數量都固定化的計劃署，指導性計劃只把幾個行業指定為關鍵行業，目的是通過市場機制給經濟以更廣泛的影響。

投入一產出分析法的貢獻之一就是它證明了技術革新的浪潮會引起廣泛經濟層面的變化。例如，鐵路或汽車方面的主要改革，可能會直接或間接地刺激其他行業的發展，甚至可以催生其他新行業，這些行業的變化又會進一步刺激另一些行業的發展。同時，新技術取代舊技術，可能會引起某些行業的消亡等等。這些都是經濟結構變化的方式，在投入一產出分析法中都有所體現。

儘管列昂惕夫的研究是建立在數學運算的基礎上，他還是提醒我們，不切實際的假說可能會降低經濟科學的實用價值。

阿瑪蒂亞 · 森（Amartya Sen）

阿瑪蒂亞·森是 1998 年諾貝爾經濟學獎獲得者。他研究的是人類能力的發展以及人們如何擺脫經濟困難的問題。經濟困難會阻礙人們潛能的發揮，這些困難包括：貧困、不平等、失業和營養不良等。他研究的一個主要方面就是衡量人類發展的新標準。

● 1933 年生於印度桑蒂尼喀坦。

● 在公共選擇理論、人類發展理論和福利經濟學方面影響重大，1998 年獲得諾貝爾獎。

森企圖找到除了 GDP（國民生產總值）這個經濟衡量標準之外的另一種衡量標準，在研究過程中，他提出了「可行能力」的理論視角和人類發展指數（HDI）。社會乃至個人的福祉不僅僅是一個商品消費和享受服務的問題，而人類發展指數（HDI）也不僅僅包括國民生產總值（GDP），還包括壽命預期、教育程度等問題。關於 HDI 還存在着好幾種說法，解釋了諸如性別、種族差異和收入分配等問題。森指出相對不平等可能會影響人的絕對能力，繼而他把研究重心放在了不平等的問題上。

森在其他領域的研究也採用了「可行能力」的基本視角。在討論有關就業的問題時，森提到了三個層面：就業為就業者提供收入；為社會提供商品或服務；讓就業者認識到自己所參與的活動很有價值，為社會做出了貢獻。前兩個方面已得到廣泛的認可，但最後一個方面也至關重要。對失業和臨牀抑鬱症的研究就能證明這一觀點，這說明這三個層面不僅僅適用於收入和生產兩個過程。

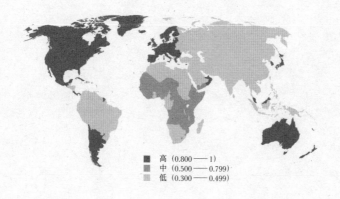

高 (0.800 —— 1)
中 (0.500 —— 0.799)
低 (0.300 —— 0.499)

上圖：通過衡量國民生產總值（GDP）、壽命預期、教育程度等社會經濟因素，人類發展指數（HDI）揭示了發展中國家和發達國家的不平等。

在對饑荒問題的研究中，森強調貧困和飢餓的原因不盡是生產失敗導致的食物短缺，也可能是分配不均導致的食物短缺。食品供應的主要障礙是社會機制問題，而不是資源匱乏或人口過剩。

森對傳統方法進行了批判，認為其核心是重視個人理性。他反對理性假設，並在幾篇重要的文章中論述了它的弱點。他認為嚴格地忠於理性原則會把人變成「理性的工具」，這種思維方法忽視了亞當・斯密在《道德情操論》（*Theory of Moral Sentiments*, 1759）中提出的所謂的「同情心」（在當代術語學中是指「同理心」），而穩定的社會經濟秩序就需要這種「同情心」。道德規範應該是經濟學的基本組成部分，這是森的著作理念。